무관의 국보

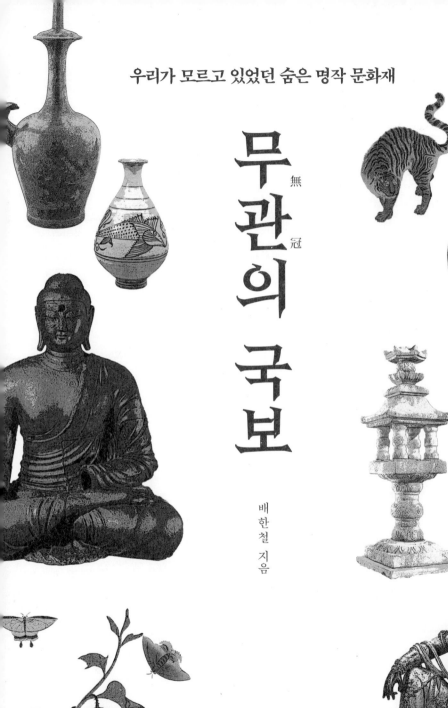

우리가 모르고 있었던 숨은 명작 문화재

무관의 국보

無
冠

배 한 철 지음

매일경제신문사

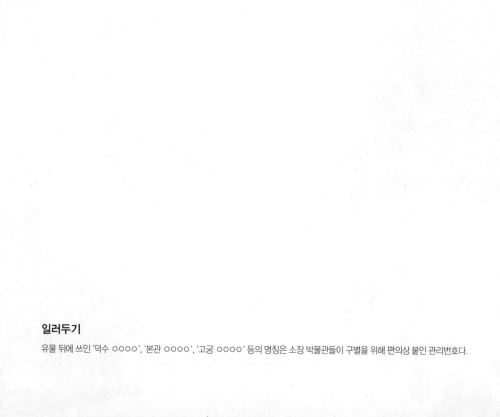

일러두기

유물 뒤에 쓰인 '덕수 ○○○○', '본관 ○○○○', '고궁 ○○○○' 등의 명칭은 소장 박물관들이 구별을 위해 편의상 붙인 관리번호다.

　　필자는 다년간 문화재를 연구하고 취재하다 보니 여러 청중을 대상으로 국보 강의도 자주 하게 된다. 그럴 때마다 예외 없이 받는 질문이 있다. "어떤 것은 국보인데 어떤 것은 국보가 아니다. 문화유산을 국보로 지정하는 기준은 무엇이냐"는 것이다.

　　사실 국보로 지정하느냐 마느냐의 여부는 주관적이라 하겠다. 현행 '문화재보호법'은 역사적·예술적 가치가 큰 것, 제작 연대가 오래되고 그 시대를 대표하는 것, 제작 기법이 우수해 그 유례가 적은 것, 형태·품질·용도가 현저히 특이한 것, 저명한 인물과 관련이 깊거나 그가 제작한 것 등 모호한 기준을 제시하고 있다. 기준이 명확하지 않다 보니 국보·보물 지정 권한을 가진 문화재위원의 영향력이 절대적일 수밖에 없다.

　　국보(제24호) 석굴암 본존불과 함께 한국을 대표하는 간판 문화재로 꼽히는 국보(제83호) 금동미륵보살반가사유상은 시대나 출처를 제대로 알지 못하지만 국보로 지정됐다. 일본 국보인 고류지廣隆寺 목조미륵보살반가사유상은 이와 너무 비슷하게 생겨 쌍둥이 불상으로도 유명하다. 고류지 반가사유상이 603년 봉안됐다는 〈일본서기〉의 기술을 근거로 국보 금동미륵보살반가사유상도 7세기 초 신라 진평왕(재위 579~632)대에 조각됐을 것으로 추정하기도 한다.

그러나 애석하게도 국보 금동미륵보살반가사유상이 한국 기록물에는 드러나지 않는다. 국보 금동미륵보살반가사유상의 제작 수준이 워낙 독보적이어서 당대 신라의 금동불 제조기술로는 만들기 힘들었을 것이라는 의견도 분분해 백제 출처설이 꾸준히 제기되는 상황이다. 그럼에도 뛰어난 예술적 가치와 유례를 찾기 힘든 고도의 제작기법 등을 종합적으로 고려하여 국보가 됐다.

숭례문에 대해서도 많이 물어본다. 서울 도성의 남쪽 대문인 숭례문은 국보(제1호)이지만 동쪽 대문인 흥인지문은 보물(제1호)이다. 청중들은 그 차이를 궁금해 한다. 숭례문은 1479년(성종 10) 중수된 반면 흥인지문은 후대인 1869년(고종 6) 신축됐다. 서울의 중심에 위치한 숭례문은 조선전기 건축물의 상징물로서 국보의 대표주자가 됐던 것이다. 하지만 숭례문이 2008년 방화로 전소돼 신축되면서 제작연대 문제가 불거졌고 "국보 1호로서 자격이 있느냐"는 논란은 급기야 전체 국보·보물 번호를 폐지하게 되는 결과를 가져왔다.

그런가 하면, 국립중앙박물관이 소장하고 있는 통일신라 철조여래좌상의 경우 우리나라에서 철조불이 처음으로 생산되기 시작한 시기를 알려주는 불상인 동시에, 자유분방한 조각수법이 석굴암 본존불을 능가한다는 평가까지 받는 한국 조각사에서 탁월한 작품이다. 그러나 출처를 알 수 있는 단서가 전혀 없어 국보·보물에 포함되지 못했다.

필자는 문화재를 취재하는 과정에서 통일신라 철조여래좌상처럼 아직도 무수한 명작 유물들이 비지정인 채로 남아 있어 적잖게 놀란다. 예술사적, 역사적 의미를 고려할 때 진작 국보·보물로 지정돼야 마땅하지만 여러 가지 이유로 그러지 못한 유물이 무수하다. 필자는 국보, 보물이라는 타이틀이 없다는 의미에서 이런 문화재를 '무관無冠의 국보'라고 부르고 있다.

'세계 최고의 달마도'로 평가받는 김명국의 달마도나 강물을 바라보며 명상에 잠긴 선비를 그린 강희안의 고사관수도가 뜻밖에도 비지정 문화재이다. 두 작품 모두 미술 교과서에도 실렸으며 일반인들에게도 널리 알려진 작품이지만 무관의 국보인 것이다.

솔직히 말하자면, 회화는 상대적으로 저평가되는 경향이 있다. 선비가 바위에 앉아 흐르는 물에 발을 씻는 고려대박물관 소장 이경윤 필 고사탁족도와 변상벽의 고양이·닭 그림, 이암의 모견도, 김두량의 흑구도, 작자 미상의 맹호도 역시 그러하다. 대한민국 명화로 국내외 유수의 전시회를 장식했던 그림들이지만 마찬가지로 국보나 보물이 아닌 것이다.

조선후기 평양의 화려하고 분주한 생활상을 엿볼 수 있는 평안감사향연도, 정조의 대규모 화성행차를 공중에서 드론으로 촬영하듯 묘사한 화성능행도는 묘사가 세세하고 사실적인 데다 크기도 대형이지만 비지정 문화재이다.

불교 조각 중에서는 일제강점기 경주 남산 삼릉곡에서 서울로 옮겨온 석조약사여래좌상, 관능적 자세가 주위를 압도하는 조선전기 금동관음보살좌상, 보물 대구 동화사 비로암 불상을 빼다 박은 통일신라 석조비로자나불좌상 등이 국보·보물로 지정돼 있지 않다.

파격적 표현법과 문양, 질감이 단순·간결을 추구하는 현대미술의 미니멀리즘과 상통하는 분청사기, 〈삼국유사〉가 7세기 말 인도에서 직접 전래됐다고 밝히고 있는 고려정병, 고조선의 존재와 그 영역을 가늠하는 중요한 단서를 제공한 청동기 유물 중에서도 비지정 특급 작품들이 여전히 허다하다.

2011년 프랑스에서 되돌려 받은 외규장각(강화도에 설치한 규장각의 부속 도서관) 의궤나 2005년 독일 성오틸리엔 수도원이 반환한 겸재화첩은 독특한 사정으로 국보·보물 목록에서 제외돼 있다. 당장 국보로 지정해도 이상할 게 없는 일품 문화재이지만 대여 형식으로 가져와 국보나 보물이 될 수는 없다. 우리가 보관하고 있기는 하지만 소유권은 종전처럼 프랑스와 독일에 있는 것이다.

비지정 문화재는 개인이 소유하고 있는 것도 일부 있기는 하지만 대부분 국립박물관 소장품에 집중돼 있다. 국보나 보물은 문화재를 소유한 국가기관이나 개인이 지정을 신청하면 문화재위원회가 심사해 최종 결정한다. 국보·보물로 지정하는 것은 문화재청이 주기적으로 보존 현황을 점검해 훼손되거나 국외로 반출되는 것을 방지하기 위함이다. 개인 소장품 중에서 수준 높은 문화재가 신규로 확인되면 훼손의 우려가 높아 문화재청이 조사해 신속하게 국가문화재 지정을 추진한다. 개인도 국가문화재로 지정되면 대체로 유물의 거래가가 크게 올라 마다할 이유가 없다.

국립박물관은 개인과는 사정이 달라 수장고 등 첨단 보관 시설을 갖추고 있으며 소속된 전문가들이 자체적으로 문화재를 효과적으로 관리한다. 국립박물관 소장품의 경우 국보·보물 지정의 시급성은 개인 소장품에 비해 현저히 낮다고 할 수 있는 것이다.

국립박물관 입장에서는 국가문화재 지정이 달갑지 않을 수도 있다. 유물이 문화재로 지정되면 문화재청의 통제를 받아야 하는 측면이 있다. 국립중앙박물관이 2013년 국보 금동미륵보살반가사유상을 미국 메트로폴리탄박물관 전시회에 출품하려고 하자 문화재청이 안전 등을 이유로 반출을 불허하면서 양 기관이 크게 반목했던 일은 지정문화재를 둘러싼 소장처와 문화재청 간 갈등사례로 종종 언급된다.

문화재는 국민의 소유로 국민 모두가 보고 즐길 수 있어야 한다. 그러나 우리 국민은 아직도 조상이 남긴 우수한 문화재의 상당수를 모르고 있다. 문화재는 전시회를 통해 소개될 수도 있겠지만 국보와 보물로 지정되면 국민들이 보다 쉽게 이해하고 보다 쉽게 접근할 수 있다.

일부 사찰에서 불교 문화재를 성보聖寶라며 독점하고 국민의 향유권을 제한해 물의를 빚기도 한다. 불교 문화재는 국민의 자산으로 사찰은 보관만 하고 있을 뿐이다. 마찬가지로 국립박물관에 보관되고 있는 문화재들도 국립박물관이 아닌 국민의 소유인 것이다.

필자는 그동안 '문화재'와 '한국사'라는 두 주제에 천착해 왔다. 《얼굴, 사람과 역사를 기록하다》는 초상화로 역사를 읽어내고자 했고 《역사, 선비의 서재에 들다》는 여러 고전 문헌을 다시 꺼내어 역사를 정확히 들여다보려고 했다. 또 《국보, 역사의 명장면을 담다》는 대한민국의 간판 국보를 한국사 명장면으로 풀어냈다.

이번 책은 무관의 걸작, 즉 얼굴 없는 국보에 관한 이야기를 담고 있다. 국보·보물이 아니어서 우리가 모르고 있었던, 또는 잊고 있었던 숨은 명작 문화재를 찾아내 그 속에 담겨진 역사적 의미와 문화적 가치를 밝혀내고자 했다.

문화재는 우리 조상이 살았던 자취이자 역사의 징표이다. 그 시대의 흔적과 정신이 고스란히 담겨 있는 게 문화재인 것이다. 필자는 문화재를 바라보고 있노라면 가슴에서 뜨거운 것이 솟구치는 것을 느낀다. 우리는 일제강점기를 거치면서 패배의 역사에 익숙하지만 한때는 불후의 예술품을 탄생시킨 뛰어난 문화민족이지 않았던가 하고 말이다.

지금 세계를 뒤흔들고 있는 K컬처는 어느 날 갑자기 하늘에서 뚝 떨어진 것이 아니다. 문화재의 형태와 문양은 한국미의 원형을 형성하면서 현대의 예술정신 속에서 살아 꿈틀대고 있다. 더 나아가 한국미는 현대미술을 뛰어 넘어 K팝과 K드라마 등 다양한 장르와도 접목하면서 세계인의 마음을 홀리고 있다.

이 책에서 소개된 무관의 국보들도 앞으로 우리 국민들과 더욱 친숙해지고 아울러 한국인에게 높은 문화적 긍지를 심어줄 수 있기를 기대해 본다.

배 한 철

차례

1부

기적처럼 우리에게 전해진
'숨겨진 국보'

경복궁 허물고
석굴암 옮기려고 했던 일제

경주 삼릉곡 석조약사여래좌상

까딱했으면 우리는 '동양 조각사의 금자탑'이라는 석굴암을 서울의 경복궁에서 만나야 했을지도 모른다.

한일병합 두 달 전인 1910년 6월, 경주군청 서기로 부임한 일본인 기무라 시즈오는 관찰사의 난데없는 명령을 받고 자신의 귀를 위심해야만 했다.

"불국사의 주조불(금동불)과 석굴암 전체를 경성으로 운반하라." 관찰사는 그러면서 운반에 소요되는 경비를 산정해 올리라는 지시도 내렸다. 어처구니가 없었다. 1924년 펴낸 〈조선에서 늙어가며〉에서 그는 "무척 무모한 짓이다. 그대로 따르면 안 된다고 생각해서 묵살하기로 했었다"고 회고했다.

한일병합 전후로 조선총독부에 의해 비밀리에 추진됐던 '석굴암 경성 이전 계획'은 그렇게 시작됐다. 곧이어 석굴암을 실제로 관할하고 있는 장기군청에 구체적인 이전 지령이 하달됐다. 장기군도 놀랄 수밖에 없었다. 표고 561m 산꼭대기에서 동해 감포항까지, 40리(16 km)에 이르는 도로를 어떻게 낸단 말인가. 그리고 무슨 재주로 귀중한 38체의 석상과 수많은 석굴부재를 산길을 통해 완벽하게 운반한다는 것인가. 장기군은 견적조차 내지 못한 채 쩔쩔맸다.

조선총독부는 집요했다. 1912년 7월 당시 조선 유일의 박물관인 이왕직박물관의 스에마쓰 구마히코 사무관이 월간지 〈조선과 만주〉에 다음과 같은 기고문을 실으면서 논란에 불을 지핀다. "(석굴암을) 벽지 산중에 풍상우설風霜雨雪의 박해에 노출되는 대로 방치하는 것은 유감스럽기 짝이 없다. … (중략) … 많은 국비를 투입하여 이것을 경복궁 내 등에 이전하든지…"

이제는 경복궁이라는 구체적인 이전 장소까지 언급되기 시작했다. 박물관 실무자의 개인적 견해를 표방했지만 이는 전적으로 당시 조선총독이던 데라우치의 의향을 반영한 것이었다. 데라우치 마사타케 寺內正毅(1852~1919). 그는 초대 조선 총독을 지냈으며 강력한 무단 식민 정책으로 우리에게 악명을 떨친 인물이다.

데라우치는 조선과 일본 민족의 조상이 하나라는 일선동조론日鮮同祖論의 추종자였다. 식민 제국주의 이데올로기인 일선동조론을 바탕으로 본인들이 정복한 유교 중심의 조선왕조를 부정하는 동시에 조선이 일본과 뿌리를 같이 했던 고대로 회귀해 과거의 영광을 되찾으

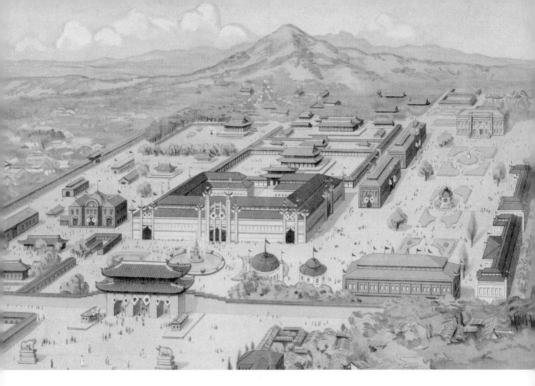

**일본이 식민 제국주의를 과시하기 위해 개최했던
조선물산공진회**朝鮮物産共進會 **광고물**
국립민속박물관 소장

근정전과 경회루 등 일부 궁궐만
제외하고 모두 허물어 다른 건물
을 지어놓았다.

려고 했다. 그러한 구상의 일환이 석굴암 경성 이전이었다. 조선왕조
의 상징인 경복궁을 해체하고 그 자리에 고대 조선 민족의 최고 미술
작품인 석굴암을 안치함으로써 새로운 시대가 열린 것을 선언하려는
야망이 배경에 있었다.

　그러한 속셈은 1915년 9월 11일부터 10월 30일까지 경복궁에서
펼쳐진 조선물산공진회로 구체화됐다. 병합 후의 조선의 진보를 과

시하고 일선동화를 촉진한다는 목적을 내세웠다. 이를 위해 전국의 물품을 수집해 전시했다. 데라우치는 석굴암을 가져다가 이 공진회의 전면을 장식하려 했던 것이다.

놀라운 소식을 접한 경주주민들은 크게 반발했다. 1912년 10월 30일자 매일신보는 "경주에 있는 신라 고도의 다보탑과 석굴암의 불적 등을 총독부에서 경성으로 이관한다는 유설流說이 전해져 경주지방의 조선인 등은 크게 떠들고 있다고 한다"고 보도하고 있다.

결국 석굴암에 손상을 입히지 않고 경성으로 갖고 오는 데 대한 기술적 한계, 재정적 어려움에다 경주주민들의 반대여론까지 겹쳐 데라우치의 구상은 무산되고 만다. 어쩔 수 없이 석굴암은 현지에서 수리 · 보존하는 것으로 방침이 정해졌고 1913년 11월부터 1915년 8월까지 해체수리가 실시됐다.

석굴암 반출이 어렵게 되자 데라우치는 다른 쪽으로 눈을 돌린다. 공진회 미술관 중앙홀을 석굴암처럼 꾸미는 것으로 계획을 수정했다. 그러면서 석굴암 본존불 대신에 '경주 남산 삼릉곡 석조약사여래좌상'을 안치했던 것이다. 삼릉곡 석조약사여래좌상은 도쿄대 교수 세키노 다다시關野貞가 1911년 경주를 샅샅이 훑어 찾아냈다. 데라우치는 통일신라 전성기인 8세기 말 만들어진 아름다운 불상이면서 석불 중 가장 원상태를 잘 유지하고 있다는 점에 주목했다. 불상은 무엇보다 외형적으로 석굴암 본존불과 흡사하기도 했다.

삼릉곡 석조약사여래좌상은 이렇게 해서 남산을 떠나 경성으로 올라오게 됐고 공진회 중앙홀에 설치됐다. 약사여래좌상 옆에 협시

무관의 국보

경주 남산의 '삼릉곡 석조약사여래좌상'
전체 높이 340㎝·불상 높이 109㎝·국립중앙박물관 소장·본관 1957

통일신라 8세기 말. 사진 국립중앙
박물관. 1911년 도쿄대 교수 세키
노 다다시(關野貞·사진 속 인물)가 조사
하면서 찍은 것으로 추정된다. 국
보나 보물로 지정돼 있지 않다.

불恊侍佛로 감산사지에서 옮겨온 미륵입상(국보)과 아미타상(국보)이 전시됐다. 한쌍의 불상은 미술적으로나, 학문적으로나 매우 중요했지만 입상이어서 약사여래좌상을 보좌하는 보좌불로 배치했던 것이다.

삼릉곡 석조약사여래좌상은 전체 높이가 340㎝에 이르며 800년 전후의 기념비적 작품으로 평가받는다. 남산 삼릉곡 정상 가까이에 있는 마애대불 건너편에 위치했다. 손상된 부분이 거의 없고 불상과 광배, 대좌를 온전히 갖췄다. 명칭의 여래는 석가모니불의 별칭으로 진리의 실현자를 뜻한다. 손모양, 즉 수인手印도 석가모니불의 항마촉지인降魔觸地印을 취하고 있다. 오른손은 손바닥을 아래로 무릎 위에 올려놓고 두 번째 손가락으로 땅을 가리키는 데 모든 악마를 굴복시켜 없애 버린다는 의미를 담고 있다. 왼손에 구슬(또는 약그릇)을 들고 있어 약사불로 분류된다. 항마촉지인의 약사여래입상은 8세기 후반부터 크게 성행한 것으로 이러한 형태의 약사여래좌상은 우리나라에서만 존재하는 도상이다.

전체적으로 불상의 몸체와 광배, 대좌의 크기 비례가 적절해 안정감이 높다. 이 불상은 아직 국보와 보물이 아니다. 불상은 풍만한 얼굴에 근엄하게 명상에 잠긴 모습을 하고 있다. 건장한 신체, 얌전하게 흘러내리고 있는 계단식 옷주름 등은 통일신라 최절정기 양식을 나타낸다. 특히 광배와 대좌에는 여러 문양을 매우 정교하게 조각해 넣어 화려함의 극치를 이루고 있다. 광배의 안쪽에 화불과 꽃무늬를 배치했고 가장자리에는 불꽃무늬를 새겨 넣었다. 대좌는 하대석에 쌍잎 연꽃무늬를, 상대석에는 겹잎 연꽃무늬를 조각했으며 8각의 중

삼릉곡 석조약사여래좌상 옆모습

대석 앞면과 뒷면에는 안상眼象(코끼리 두상 또는 박쥐, 연꽃 모양 문양) 안에 향
로를 새겼고 공양하는 천인상을 배치했다. 8세기 후반에 이뤄진 장식
화 경향을 반영한다.

애초 삼릉곡 불상과 함께 경복궁 이전 후보로 검토된 불상이 있다.
이거사지(경주시 도지동)에서 수습된 '경주 방형대좌 석조여래좌상'이다.
역시 완전한 형태의 석불이다. 청와대 경내에 안치돼 있어 '청와대 불상'

일제강점기 삼릉곡 석조약사여래좌상
사진 국립중앙박물관.

으로 유명한 불상이다. 방형대좌 석불은 데라우치가 개인적으로 탐을 냈다. 1939년 총독부 기사 오가와 게이키치가 쓴 보고서는 "1912년경 데라우치 총독이 경주를 순시하였을 때 이 불상을 보고 또 몇 번을 돌아보고 열심히 본 일이 있었다. 당시 경주 금융조합 고다이라는 총독이 마음에 든 명불이라고 생각하여 바로 이것을 경성 관저에 운반한 것이라고 한다"고 기술한다. 불상은 1913년 경주 금융조합 이사였던 고다이라 료조가 데라우치에게 바쳐 서울 남산의 총독관저로 옮겨졌던 것이다. 이후 1939년 경복궁에 새로운 총독관저(현 청와대)가 지어지면서 지금의 위치로 이전됐다. 1974년 서울시 유형문화재 제24호로 지정해 관리해 오다가 2018년 보물로 승격됐다.

결과적으로는 삼릉곡 석조약사여래좌상과 감산사지입상을 앞세운 조선물산공진회는 대성황을 이뤘다. 이를 통해 경주 남산이 '불교

（集群前門化光門正）　　　始政五年記念朝鮮物產共進會

인산인해를 이룬 조선물산공진회 모습
1915년. 사진 부산근대역사관.

유적의 보고'로 세간에 널리 알려지게 됐고 또한 이를 통해 본격적
인 남산 불적조사의 발판이 마련된 것은 역사의 아이러니가 아닐
수 없다.

도로·다리까지 놓아
서울로 가져온 초대형 불상

보원사 철불

　국립중앙박물관 3층 불교조각실에는 2.59m 높이의 초대형 불상이 전시돼 있다. 크기도 독보적이지만 불상으로서는 드물게 쇠로 만들어 주위를 압도한다. 일제강점기 초인 1917년 조선총독부박물관이 충남 서산의 보원사普願寺 터에서 옮겨온 것이다. 불상은 석가모니 부처(별칭 여래)이며 앉은 자세를 하고 있다. 따라서 '보원사 철조여래좌상'으로 호칭된다.

　오랜 기간 불상의 조성시기와 배경, 발원자·후원자 등 세세한 내용을 알지 못했다. 국립중앙박물관이 일제강점기 보원사 관계 공문서 및 유리건판, 법인국사보승탑비(보물) 등을 종합적으로 조사분석한 결과, 불상의 전모가 드러났다.

서산 보원사 철조여래좌상
불상 높이 2.59m·본관 5191·사진 매경DB

955년. 국립중앙박물관 소장. 얼굴을 찡그리는
형상을 하고 있어 '못난이 불상'으로 주로 불린
다. 2.59m의 거대 불상으로, 옆에 선 관람객들
이 왜소하게 보인다. 국보·보물이 아니다.

    박물관측의 조사에 따르면, 1915년 개관한 조선총독부박물관은
이듬해 보원사에 대한 현지실사를 벌인다. 보원사 불상을 가져와 박
물관 진열품으로 활용하려고 했다. 〈서산 철불 조사 보고〉에 다음과
같이 서술돼 있다. "불체(불상)는 밭 한가운데 있다. 작은 집에 안치돼

있으며 문을 자물쇠로 잠궈 부락민이 보관하고 있다. 불체는 좌상이며 정교하고 치밀하여 보기 드문 일품이다."

엄청난 무게의 쇳덩이를 운반하는 것은 결코 만만한 작업이 아니었다. 애초 서산 구도항을 거쳐 해로를 통해 서울로 운송할 계획이었지만 여의치 않아 결국 철로를 이용하기로 했다. 1928년 간행된 〈조선불교〉 제45호는 "하루에 인부 사오십 명, 소달구지 대여섯 대, 그리고 지방관청으로 하여금 도로와 교량을 개수하게 하여 천안역까지 20리를 운반하는 데 7~8일을 소모하였다"고 쓰고 있다.

서울로 수송된 보원사 철불은 경복궁 근정전 회랑에 전시된다. 당시부터 불상은 화제를 뿌렸다. 〈조선불교〉는 "그 장대함과 용안의 풍만함은 원내(경복궁내)에서 견줄 만한 것을 찾아보기 어렵다"고 감탄했다.

불상이 있던 보원사는 어떤 절이었고 언제, 누가, 무슨 이유로 불상을 만들었던 걸까. 보원사는 충남 서산시 운산면 가야산 아래에 있던 절이다. 옛터에는 건물지와 일부 유물이 잔존해 있다. 1969년 보원사지의 금당지 남쪽 건물 터에서 6세기 중엽의 금동불입상(높이 9㎝·국립부여박물관 소장)이 출토돼 이미 백제시대부터 사찰이 있었던 것으로 이해한다.

보원사는 신라 하대와 고려초 크게 번성해 화엄종의 중심 사찰로서 위상이 높았다. 904년(신라 효공왕 8) 최치원이 저술한 〈법장화상전法藏和尙傳〉은 보원사를 화엄십찰十刹의 하나로 언급한다. 보원사에는 국가가 정식으로 구족계(승려에게 지켜야 할 계율을 주는 의례로 정식 승려가 되기 위

보원사 철조여래좌상 좌적座跡 **석표**

1922년 촬영. 사진 국립중앙박물관.
1917년 불상을 경복궁으로 옮겨온 뒤
그 자리에 세워진 표지석이다.

한 관문)를 행하는 계단戒壇도 설치됐다. 무수한 고승 대덕이 보원사에
서 구족계를 받았다. 827년 보조국사 체징(804~880), 874년 진공대
사(855~937), 880년경 광자대사 윤다(864~945), 888년 진철대사 이엄
(870~936), 898년 법경대사 현휘(879~941)가 대표적 인물이다.

보원사는 조선중기 이후 어느 시기에 명칭이 강당사로 바뀐다.
1619년(광해군 11) 편찬된 〈호산록湖山錄〉은 "강당사는 두 가지 이름이
있는데 하나는 보원사로 이는 옛 이름이고 다른 하나는 강당사로 새
로 지은 이름이다"라고 전한다. 보원사는 조선후기까지 명맥을 유지
하다가 18세기 무렵 폐사된다. 1757~1765년 각읍에서 편찬한 읍지

를 모은 〈여지도서輿地圖書〉에는 강당사가 고적古蹟으로 분류돼 있다.

보원사의 최고 전성기는 고려초 법인국사 탄문坦文(900~975)이 이끌었다. 탄문은 보원사 철조여래좌상과도 밀접한 관련이 있는 승려이다. 보원사 터에 그의 행적을 적은 법인국사보승탑비가 지금도 남아 있다. 법인法印은 탄문의 시호이며 보승寶乘은 사리탑의 이름이다.

비석에 의하면, 탄문은 속성이 고 씨로 경기도 고양에서 출생했고 부친은 군수를 지냈다. 북한산의 절터에서 수행했고 15세이던 914년(신라 신덕왕 3) 서울 장의사(세검정초등학교 자리의 옛사찰)에서 구족계를 받았다.

탄문은 태조 왕건부터 광종대까지 고려왕실과 긴밀했다. 926년(고려 태조 9) 태조 왕건의 제3비인 신명왕후 유씨가 임신하자 그녀를 위한 기도회를 열었고 광종을 순산했다. 943년(혜종 즉위년) 왕과 사제지간이 됐으며 968년(광종 19)에는 왕사가 되고, 이어 975년(광종 26) 국사에 임명된다.

주로 개경에서 활동했던 탄문이 지방의 보원사와 인연을 맺은 것은 56세부터다. 탄문은 56세이던 955년(광종 6) 여름 병이 들었고 이후 968년(광종 19) 69세에 궁궐 법회에 초빙돼 개경으로 다시 돌아오기까지 13년간 행적이 비석에 구체적으로 드러나지 않는다. 그런데 단서가 비석에 있다. 비석의 972년(광종 23) 부분에 "오백나한도를 안선보국원에 봉안하면서 옛날 보원사에서 오백승을 만난 경험을 회상하였다"고 기술돼 있다. 탄문은 그 기간 보원사에 주석했던 것이다.

죽음도 보원사에서 맞이했다. 탄문은 76세이던 975년(광종 26) 보원

보원사지 법인국사보승탑비

전체 높이 450cm, 너비 116.5cm, 두께 29cm·보물

사진 문화재청. 고려초 고승 탄문(坦文· 900~975)
의 행적을 기록한 비석으로, 보원사 철조여
래좌상의 유래를 밝히고 있다.

사에서 교종과 선종 승려 1,000여 명의 영접을 받았고 3월 29일 그곳
에서 입멸했다고 비문에 나타나 있다. 비석은 입적하고 3년 후인 978
년(경종 3) 세워졌다.

보원사 철조여래좌상은 탄문이 보원사에 들어오던 당해 발원했다.
비문의 955년(광종 6) 기록에 병을 앓았다는 내용과 함께 "임금의 만
수무강을 기원하기 위하여 '금상삼존을 주조하였다鑄金像之三尊'"고 적혀
있다. 여기서 주금鑄金은 '쇠를 주조하다'는 뜻이다. 탄문이 조성한 불
상은 철불이며 3개의 불상 중 주존불이 바로 보원사 철조여래좌상이
었던 것이다. 금상金像이라고 표현한 것은 쇠로 불상을 주조한 후 금박

을 입혀 도금했기 때문이다.

금상삼존의 발원을 후원한 세력이 있다. 탄문은 신명왕후 유씨의 출산 기도를 할 만큼 충주 유씨 집안과의 친분이 각별했다. 충주는 철생산지로 이름났다. 충주 유씨는 철생산과 유통으로 부를 축적했을 것이고 이를 기반으로 충주를 포함해 제천, 영월 등을 포괄하는 남한강 유역의 대호족 가문으로 성장했다. 일대의 사찰들은 충주 유씨의 도움을 많이 받았다. 영월의 흥녕사지 징효대사탑비에 신명왕후 유씨의 아들인 고려 정종, 광종과 함께 충주 유씨 가문의 유긍달(신명왕후의 아버지), 유권열(충주 출신 호족이자 고려전기 문신)의 이름이 새겨져 있다. 충주 유씨 가문이 외손자인 광종의 장수를 축원하는 서산 보원사 금상삼존불 제작을 지원하는 것은 당연한 것이다.

사실 철불은 주로 충주 유씨 세력권에서 발견된다. 철불들은 양식적으로도 매우 흡사하다. 보원사 철조여래좌상은 구슬모양의 곱슬 머리카락, 옆으로 길게 늘어진 눈, 짧지만 예리한 코, 꽉 다문 입술을 하고 있다. 목과 허리 아랫부분, 팔목 윗부분에 주물자국을 지운 점, 대의大衣가 얇고 옷주름이 도식적으로 표현된 점 등도 특징이다. 1912년 강원도 원주 읍옥평에서 수습된 철조여래좌상(높이 94cm·국립중앙박물관 소장)도 크기만 다를 뿐 형태는 거의 동일하다. 충주의 솜씨 좋은 장인들이 지역을 옮겨다니며 조각양식을 전파했을 가능성이 제기된다. 실제 경기도 양평 보리사 대경대사탑비(국립중앙박물관 소장·보물)에 '철장 중원부(충주)인 향연'이 등장한다.

보원사 철조여래좌상은 몸통에 비해 큰 머리 등 이상적 비례미를

1912년 강원도 원주 학성동(읍옥평)에서 수습된 철조불상들

국립춘천박물관 등 소장. 제작기법이 서산 보원사 철조여래좌상과 흡사하다. 남한강 일대에서 강력한 영향력을 미쳤던 충주 유씨 가문이 불상의 발원 과정에 직·간접적으로 관여한 것으로 추측된다. 1915년 서울로 이전됐다. 사진 국립중앙박물관.

무관의 국보

탈피해 개성과 인간미가 넘친다는 평가를 받는다. 양손은 모두 사라지고 없지만 석가모니부처의 항마촉지인降魔觸地印(오른손은 손바닥을 아래로 무릎 위에 올려놓고 두 번째 손가락으로 땅을 가리키는 데 모든 악마를 굴복시켜 없애 버린다는 의미를 담고 있다) 손모양을 했을 것으로 짐작된다.

　　보원사 철조여래좌상은 국보나 보물이 아니다. 법인국사보승탑비를 포함해 법인국사보승탑, 석조(돌수조), 당간지주, 오층석탑 등 보원사지에 있는 유물 5점은 보물로 지정돼 있다.

독일이 반환한 정선 그림은
국보가 될 수 없다

왜관수도원 겸재화첩

성 베네딕도회Order of Saint Benedict는 "기도하고 일하라"는 정신에 따라 육체노동을 통해 수행하는 로마카톨릭 소속의 수도회다. 베네딕도 수도회의 여러 수도원 중 한 곳인 독일 성 오틸리엔 수도회는 1909년 우리나라에 사제를 파견해 서울 백동(혜화동)에 수도원을 세우고 선교활동과 교육사업을 했다. 한국 최초의 남자 수도회인 백동 수도원이다. 수도회는 한국의 언어, 문화, 예술에도 관심을 가져 많은 자료를 수집했다.

수도회는 교구가 함경도, 북간도로 넓혀지면서 1927년 함경도 원산 덕원으로 이사간다. 서울 백동 수도원 자리에는 대신학교(가톨릭대학), 혜화동 성당, 동성학교가 들어섰다.

1909년 서울 혜화동에 설립된 백동 수도원 20세기초. 왼쪽은 혜화문 성 안쪽이고 오른쪽이 백동 수도원 본관이다. 백동 수도원 자리에는 현재 가톨릭대학교가 들어섰다. 사진 서울역사박물관 발간 〈성 베네딕도 상트 오틸리엔 수도원 소장 서울사진〉 中.

    덕원 수도회는 그러나 해방 후 공산군에 의해 강제 폐쇄됐고 수도사들은 독일 본국으로 추방되거나 강제노역 중 순교했다. 일부 생존자들이 북한을 탈출해 한국전쟁 중인 1952년 낙동강 옆의 칠곡군 왜관에 터전을 잡고 정착했다.

    세월이 흘러 1970년대 오틸리엔 수도회의 한국 소장품 중 뜻밖의 유물이 세상에 모습을 드러낸다. 1973년 유준영 전 이화여대 교수는 독일 쾰른대(미술사학과)에서 유학 중이었다. 박사논문을 준비하면서 대학도서관을 뒤지던 그는 오틸리엔 수도회 노르베르트 베버Norbert

**노르베르트 베버 독일 오틸리엔 대수도원장 일행이
북한산을 배경으로 찍은 사진**

1911년 6월 5일 촬영. 외국인 중
맨 오른쪽이 베버. 사진 서울
역사박물관 발간 〈성 베네딕도
상트 오틸리엔 수도원 소장 서울
사진〉中.

Weber(1870~1956) 대수도원장이 쓴 〈금강산에서〉(1927년 발간)를 펼쳐보
고 무척 놀랐다. 그곳에는 처음 보는 겸재 정선(1676~1759)의 그림이
있었다. 1925년 6월 2일부터 12일까지 베버의 금강산 여행담과 함께
겸재의 그림 3점이 삽화로 실렸던 것이다.

유 교수는 오틸리엔 수도원에 그림의 소장여부를 묻는 편지를 보
냈지만 "그런 그림은 한 점도 없다"는 답변이 돌아왔다. 이듬해 사실
을 확인하고자 독일 남부 알프스산맥 기슭의 암머 호숫가에 위치한
수도원을 직접 방문했다. 수도원 내 민속관에는 한국실이 별도로 마

련돼 있었다. 유 교수는 진열장 틈새에서 드디어 여행기 속의 겸재 그림을 찾아낸다. 겸재 그림은 몇 장이 아니라 화첩이었다. 유 교수는 수도원 허락을 얻어 진열장에서 화첩을 꺼내 자세히 살폈다. 화첩은 비단에 그린 총 21점의 그림으로 구성돼 있다. 유 교수는 "둘레가 벌집처럼 좀먹어 이미 글자를 알아볼 수 없을 만큼 손상됐다"면서도 "의외로 많은 편수에 만족했다"고 회고했다.

귀국 후인 1976년 연구 결과물을 〈미술자료〉 제19호와 〈공간〉 제115호를 통해 공개해 새로운 겸재 화첩의 존재를 국내에 알렸다. 이 일을 계기로 뒤늦게 화첩의 중요성을 인식한 수도원측이 화첩을 금고 속에 넣어버려 일반인들은 접할 수 없게 된다.

1990년대 오틸리엔 수도원에서 수행하던 한 한국인 사제가 다시 한차례 겸재 화첩을 주목했다. 왜관수도원의 선지훈 신부였다. 그는 1991년부터 1996년까지 6년간 오틸리엔 수도원에 머물며 독일 뮌헨대에서 교회사를 공부했다. 수도원에서 화첩을 접한 선 신부는 반드시 한국으로 돌아가야 할 문화재라고 생각하고 수도원측에 반환의 필요성을 지속적으로 인식시켰다.

그러던 사이 한국 책가도冊架圖를 평생 연구한 미국 덴버미술관 여성연구원 케이 E. 블랙의 '상트 오틸리엔 소장 정선의 진경산수화' 논문이 1999~2000년 겨울호 〈오리엔탈 아트〉에 실리면서 화첩은 이제 국제적 명성을 얻게 된다. 미국 뉴욕의 세계적 경매회사 크리스티가 접근했고 경매가로 50억 원이 제시되기도 했다.

선 신부는 동문수학한 예레미야스 슈뢰더 신부가 대수도원장에

정선 필 금강내산전도 金剛內山全圖
가로 54.5cm × 세로 33.0cm

18세기. 왜관수도원 소장. 나무가 우거진 선명한 녹색 산 속에서 붉은 색 사찰들이 대비를 이뤄 신선한 감각을 드러낸다. 왜관수도원 겸재화첩은 대여 형식으로 반환받아 엄밀히 우리 소유는 아니다. 따라서 국보나 보물로 지정할 수 없다.

임명되자 본격적으로 반환을 요청했다. 보존환경의 문제가 지속적으로 제기돼 왔고 또한 오틸리엔 수도원의 한국 진출 100주년도 앞둔 시점이기도 했다. 선 신부의 끈질긴 설득은 오틸리엔 수도원의 결단을 이끌어냈고 결국 화첩은 2005년 10월, 왜관수도원에 영구 대여하는 형식으로 한국으로 귀환했다. 화첩에는 '베네딕도회 왜관수도원 소장 겸재 화첩'이라는 이름이 붙어졌다.

화첩은 1925년 한국에서 입수됐다. 오틸리엔 수도회의 베버 대수도원장은 선교상황을 점검하기 위해 1911년과 1925년 두 차례 우리나라에 왔다. 베버 대수도원장은 1909년 처음으로 우리나라에 선교사를 파견했던 인물이다. 그는 1911년 2월 처음으로 방한해 같은 해 6월까지 체류했다. 이어, 1924년 말 다시 동아시아에 와서 다음 해 말까지 한국에 머물렀다. 베버 대수도원장은 우리나라의 전통 문화와 풍습에 매료돼 전국을 두루 여행했으며 한국에서의 경험을 상세한 기록과 영상, 사진으로 남겼다. 뿐만 아니라 각지에서 수많은 문화재도 모아 독일로 가져갔다.

기록을 종합하면, 화첩은 베버가 1925년 금강산을 여행할 때 인천에서 은행업을 했던 독일인 지인들이 구입해 선물로 줬을 것으로 추정한다. 당시 명동성당 주변에 골동품상이 많았던 만큼 이곳에서 샀을 가능성이 있다.

역사적으로 숱한 명화들이 화마에 자취를 감췄다. 겸재 화첩도 두 번 씩이나 불에 탈 뻔했다. 1980년대 초 뮌헨의 바바리아 주립 고문서연구소에 근무하던 베네딕도회 수녀가 화첩의 보존처리 업무를 맡았다. 그런데 얼마 뒤 수녀의 아파트에 불이나 그녀가 사망하고 화첩의 행방도 묘연해져 소실된 것으로 여겨졌다. 후일 화첩은 고문서연구소에 보관돼 있는 것으로 확인됐고 보존처리가 완료돼 지금의 남색 비단으로 표구됐다.

한국으로 반환된 지 2년여 뒤인 2007년 또다시 위기에 처한다. 4월 6일 새벽 왜관수도원 본관 건물에 전기누전으로 추정되는 대형 화재가 난 것이다. 화재로 수도원의 수많은 유물과 유품이 사라졌다. 문서고에 보관 중이던 화첩은 다행히 신부들이 제일 먼저 대피시켜 무사했다. 화첩은 안전을 위해 2010년 10월 이후로 국립중앙박물관에 기탁 보관하고 있다.

겸재 화첩은 진경산수화 5점, 산수인물화 3점, 고사인물화 12점, 동물화 1점이다. 정적이고 절제된 양식, 정반대로 회화적 감각이 강조된 추상적 기법 등 다양한 화풍이 구사돼 정선의 폭넓은 예술세계를 한눈에 파악할 수 있는 소중한 자료로 평가된다.

금강산의 전체 경관을 담은 '금강내산전도'와 내금강의 명소인 '만폭동', 외금강의 '구룡폭' 등 금강산 그림 3폭이 대표작으로 꼽힌다.

화첩 맨 앞쪽 양면에 걸쳐 그려져 있는 금강내산전도는 오른쪽 하단의 장안사부터 삼불암, 만폭동, 보덕굴, 정양사 등 금강산의 주요 건축물과 경승지를 상세하게 담아냈다. 나무가 우거진 선명한 녹색 산 속에서 붉은색 사찰들이 대비를 이뤄 신선한 감각을 드러낸다. 그림은 간송미술관 소장의 1747년 작품 '해악전신첩海嶽傳神帖'의 금강내산도와 흡사해 정선의 말년 작품으로 짐작한다.

태조 이성계가 성장기를 보낸 함흥의 고향집에 손수 심었다고 전하는 소나무를 그린 '함흥본궁송'과 대동강변의 연광정을 중심으로 평양성을 묘사한 '연광정'은 겸재가 직접 가지 않고서도 실감나게 그린 것이다. 함흥본궁송도와 관련해 1756년 함흥에 다녀온 조선후기

정선 필 함흥본궁송咸興本宮松
세로 28.8cm × 가로 23.3cm

18세기. 왜관수도원 소장. 태조 이성계가 성장기를 보낸 함흥 본궁에 있었던 소나무를 그린 그림이다. 소나무를 강조하기 위한 대담한 구도와 소나무의 표현력이 돋보인다.

문신인 박사해(1711~1778)는 자신의 문집 〈창암집〉에서 "본궁을 방문한 적이 없는 정선에게 본궁송을 그려달라고 청했더니 설명만 듣고도 실제로 본 듯이 묘사해 냈다"고 적었다.

정선 필 고산방학孤山放鶴

세로 29.2cm×가로 23.5cm

18세기. 왜관수도원 소장. 북송대 은일시인 임포가 매화나무에 기대어 학의 비상을 한가롭게 바라보는 모습을 묘사했다.

　'압구정'은 숙련된 필법과 농담을 자유롭게 구사하는 정선의 뛰어난 공간 묘사력을 보여준다. 압구정 주변의 전경을 보여주는 간송미술관 소장 '압구정'과는 달리 정자의 웅장한 규모가 부각돼 있어 흥미롭다.

고사인물화 중에는 북송대의 시인 임포(967~1028), 장재(1027~1077), 사마광(1019~1086)의 한가로운 은일의 즐거움을 다룬 '고산방학', '횡거관초橫渠觀蕉', '노재상한취老宰相閑趣' 등이 돋보인다.

왜관수도원 소장 겸재 화첩은 우리나라에 있기는 하지만 엄밀히는 한국 문화재가 아니다. 들여올 때 임대형식을 취해 여전히 독일 수도원의 소유다. 따라서 국보나 보물로 지정할 수 없는 것이다. 2011년 프랑스에서 되돌려 받은 외규장각(강화도에 설치한 규장각의 부속 도서관) 의궤 역시 동일한 경우다. 그렇지만 우리가 화첩을 갖고 있는데 소유권이 대수겠는가.

쓰러진 '5cm의 기적',
다시 세울 수 있을까

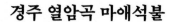

경주 열암곡 마애석불

행운은 우연한 기회에 찾아온다고 했던가. '5cm의 기적'으로 세간에 널리 알려진 '열암곡 마애불' 발견이 꼭 그러했다.

2007년 경주 남산 남단 열암곡의 옛 절터에서는 국립경주문화재연구소의 발굴조사가 한창이었다. 조사팀은 절터에서 종전 수습한 열암곡 석불좌상(경북유형문화재)을 수리하기 위한 유실 부재를 찾으면서 동시에 주변의 사찰 배치도 확인하는 작업을 수행했다.

그러던 중 5월 22일 석불좌상에서 남동쪽으로 30m 가량 떨어진 지점(경주시 내남면 노곡리 산 119번지)에서 전혀 예상치 못한 유물을 건진다.

조사팀은 사찰의 진입로로 추정되는 경사면을 살피다가 바위더미 밑에서 가공된 돌의 흔적을 보게 된다. 대충 나뭇잎과 흙을 걷어낸

열암곡 마애불 발견 당시 모습

사진 국립경주문화재연구소.

후 안쪽으로 팔을 뻗자 놀랍게도 손끝에서 도드라진 조각이 만져졌
다. 통일신라시대 불상인 열암곡 마애불이 그 존재를 세상에 드러내
는 순간이었다.

　바위 위에 부처를 조각한 마애불磨崖佛로, 조각면이 땅바닥을 향한
채 35°로 비스듬하게 엎어져 있었다. 선명하면서도 원만한 이목구비
의 마애불은 한국 불교조각 최전성기의 자취를 잘 간직한 수작으로
주목받았다. 무엇보다 땅 속에 묻힌 상태에서 오랜 세월 동안 거의
원형에 가까운 모습을 간직해 "21세기 발견된 가장 흥미로운 유물"이

**한국 불교조각 최전성기의 자취를 잘
간직하고 있는 열암곡 마애불**

불상 높이 5.6m

통일신라 8세기 후반. 사진 국립경주
문화재연구소. 불상이 새겨진 바위는
세로 6.8m, 가로 4m, 두께 2.9m, 무
게 80t이다.

무관의 국보

라는 찬사를 받으며 숱한 화제를 낳았다.

열암곡 마애불은 화강암 바위에 새겨졌다. 불상은 대형불을 상징하는 장육상丈六像이다. 장육은 '1장丈 6척尺'의 줄임말이다. 1장이 10척이므로 1장 6척은 16척인 것이다. 신라시대에 35㎝가 1척인 고구려척이 쓰였던 점을 고려할 때 장육상은 5.6m에 해당한다. 마애불 역시 머리에서 발끝까지 4.6m, 발아래의 연화대좌가 1m로, 전체 높이가 정확히 5.6m이다.

불상의 머리는 소발素髮(곱슬이 아닌 일반 민머리)에 높은 육계肉髻(상투 모양의 부처 정수리)를 하고 있다. 타원형의 얼굴에는 오뚝하게 솟은 코와 아래로 내리뜬 길고 날카로운 눈매, 도톰하고 부드러운 입술 등이 자연스럽게 표현돼 있다. 볼륨 있는 상호相好(부처의 얼굴)와 날카로운 눈매에서 느껴지는 엄숙함은 통일신라 불상의 전형적인 형태이다.

귀는 어깨 바로 위까지 내려와 매우 크게 드러냈고 목에는 삼도三道(부처의 세 줄 목주름)가 선명하다. 장대한 신체는 부드러우면서도 당당하다. 가슴이 넓게 펴져 있고 어깨의 선이 목에서부터 좌우 측면으로 미끈하게 흘러내리며 허리부분이 잘록해 인체의 양감을 강조했다. 이에 반해 하반신은 밋밋해 상반신과는 대조를 이룬다.

편단우견偏袒右肩(오른쪽 어깨를 드러낸 복식)으로 착의한 가사는 주름이 아래로 내려올수록 넓어지며 그 아래에 표현된 두 발은 발끝을 밖으로 향하여 벌리고 있다. 대좌는 앙련仰蓮(위로 향하는 연꽃)만 있으며 5개의 꽃잎으로 얇게 표현돼 있다.

수인手印(손모양)은 특이한 형식이다. 왼손은 등을 바깥으로 해 손가

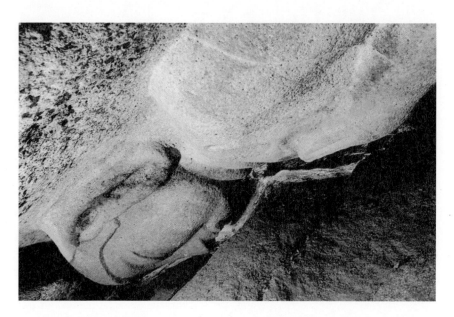

열암곡 마애불 내부 모습

사진 국립경주문화재연구소. 벼랑에서 굴러 떨어졌
지만 기적적으로 바닥 암반과 5㎝ 간격을 유지한
덕분에 코 끝 하나 다치지 않고 온전하게 보존됐다.

락을 가지런히 펴서 가슴 위에 얹었으며 오른손 역시 손등이 밖을 향
하고 엄지손가락을 안으로 감싼 채 네 손가락을 가지런히 하복부에
대고 있다. 이와 같은 수인은 경주 황룡곡 출토 석조여래입상 등 통
일신라 불상에서 유사한 예를 찾아볼 수 있지만 뚜렷한 경전적인 근
거는 알려져 있지 않다.

　마애불은 전체적으로 4등신이며 신체에 비해 머리 부분이 상대적
으로 크다. 예불하는 사람이 마애불을 우러러 볼 때의 비례감을 고려

한 것으로 보인다. 이는 남산
삼릉계 마애여래좌상 등 많
은 예에서 알 수 있는 것처럼
마애불상의 주된 특징 중 하
나이다.

　발견 당시 마애불 주변에
는 벼랑에서 쓰러진 큰 괴석
들이 흩어져 있었다. 경주 일
원은 지금도 그렇지만 과거
에도 한반도에서는 드물게
대규모 지진이 빈번하게 일
어나는 지역이었다. 〈삼국사
기〉, 〈고려사〉, 〈조선왕조실
록〉 등에는 경주의 지진발생
과 그에 따른 인명사망 및 건
축물 붕괴 등 피해 사실이 다
수 기술돼 있다.

열암곡 마애불 3차원 스캔 사진
사진 국립경주문화재연구소.

　따라서 마애불 붕괴는 지진에 의한 것이 확실해 보인다. 강력한 지
진으로 땅이 크게 흔들리면서 괴석들이 넘어졌고 마애불도 함께 무
너졌을 것이라는 분석이다. 연구조사에서는 마애불이 애초 5m 거리
의 산 위쪽에 있었을 것이라는 분석도 제시됐다.

　마애불은 벼랑에서 굴러 떨어졌지만 기적적으로 바닥의 암반과

불과 5㎝의 간격을 두고 멈춰서서 그 상태로 땅에 고정됐다. 덕분에 코 끝 하나 다치지 않고 온전한 모습을 보전할 수 있었던 것이다. 이로 인해 열암곡 마애불상에는 '5㎝의 기적'이라는 별명이 붙었다.

열암곡 마애불은 조각기법으로 미뤄 통일신라시대인 8세기 후반께 조성된 것으로 짐작된다. 마애불 인근에서 발굴한 토기의 연도를 측정한 결과에서도 동일한 결론을 얻었다.

마애불이 발견된 경주 남산은 신라인에게 신령한 산이었다. 불국정토의 세계였던 것이다. 〈삼국사기〉'흥법편'이 "절들은 별처럼 많고 탑들은 기러기 떼처럼 줄을 지었다寺寺星張 塔塔雁行"고 기술한 데서도 알 수 있듯이 그 옛날 경주 남산은 절과 탑들로 빼곡했다. 60여 곳의 계곡을 따라 147개소의 사찰이 조영되면서 100여구가 넘는 불상, 수십 기의 불탑들이 현재도 남아 있다.

남산의 남쪽 계곡인 열암곡에는 제1사지, 제2사지, 제3사지 등 3개의 절터가 존재했던 것으로 파악되고 있다. 이 가운데 마애불이 나온 곳은 제3사지로, 축대의 규모나 수습된 불상의 크기 등으로 봤을 때 신라 당시에는 제법 큰 규모의 사찰이 있었던 것으로 짐작된다.

8~9세기 신라의 마애불은 그 수가 급격히 늘어나며 경주를 중심으로 여러 지방에서 유행한다. 8세기에 조성되는 경주 남산 칠불암 마애불상군과 굴불사지 마애불상군 등은 국보 경주 감산사지 아미타불입상·미륵보살입상, 석굴암 조각상과 함께 통일신라 불교미술의 절정을 보여주는 획기적 작품들로 꼽힌다.

통일신라 말기에 접어들게 되면 경주 남산 약수계 마애불입상, 골굴암 마애불좌상처럼 거대한 마애불이 성행한다. 경주지역의 대형 마애불들은 당시 정치·사회적 혼란 속에서 미래의 부처를 믿는 미륵신앙과 밀접한 관련이 있을 것으로 이해되며 고려 초 지방 곳곳에서 조성되던 대형 마애불과 대형 석불 등에 영향을 미치게 된다. 열암곡 마애불은 이러한 신라 불교 조각 전개의 큰 흐름을 이해하는 데 매우 중요한 자료인 것이다.

현재까지 마애불에 대한 다양한 조사가 이뤄져왔고 안전성 제고를 위한 조치도 취해졌다. 3차원 스캔 등 첨단 기법을 활용해 마애불의 전체적인 형상을 도면화했다. 또 마애불 주변의 구조적 취약지점에 석축을 쌓았고 가설덧집도 설치했다.

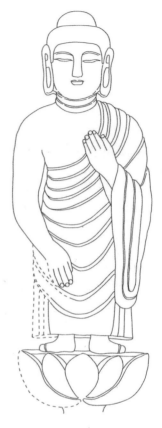

열암곡 마애불 복원도
그림 국립경주문화재연구소.

마애불을 원래 있던 장소에, 원래의 모습 그대로 다시 세워 복원하자는 데는 이견이 없다. 하지만 산 중턱의 험한 지형 위에 쓰러져 있는 80t의 거대한 바위를 일체의 훼손 없이 복원하는 작업은 여간 어려운 일이 아니다. 그렇다고 동절기 기온하강, 강우에 의한 토양침식 등 우려가 커 현상태로 장기간 존치할 수도 없는 노릇이다.

마애불 발견 이후 종교계 등을 중심으로 불상 복구의 필요성이 지속적으로 제기됨에 따라 문화재청 등 당국은 불상 바로세우기를 추진해 오고 있다. 고중량체 운반을 위해 특수 제작된 이송제어장치 및 120t까지 하중을 견디는 유압실린더 적용, 모형을 제작해 실험을 거치는 방안 등 안정성을 담보하기 위한 여러 연구를 진행하고 있다. 쓰러지기 전 본래의 제 위치를 찾는 일도 병행하고 있다.

당장 국보로 지정해도 좋을 걸출한 이 불상은 과연 언제쯤 우리에게 처음의 당당했던 자태를 보여줄 수 있을 것인가.

고려 제일의 절은 사라지고
홀로 남은 석등

/

현화사 석등

고려 제8대 현종(992~1031·재위 1009~1031)은 고려의 국력을 크게 신장시켰고 태평성대의 기반을 닦은 왕으로 기억된다. 거란과의 전쟁에서 승리해 동아시아 국제관계를 고려 중심으로 재편했고 대내적으로 호족세력을 억제하고 강력한 중앙집권제를 완성했다.

그런 그는 뜻밖에도 사생아로 태어나 불우한 소년기를 보냈다. 안종(태조의 8남·?~996)과 5대 경종(955~981·재위 975~981)의 4비였던 효숙왕후 황보 씨 사이에서 불륜으로 출생했고 부모마저 일찍 사망하면서 고아로 자랐다. 제7대 목종(경종의 장남·980~1009·재위 997~1009)이 아들을 갖지 못하자 후계자로 지목됐다. 이에 경종의 3비이자 목종의

일제강점기 폐허가 된 현화사玄化寺 **터**
사진 국립중앙박물관.

어머니 천추태후(964~1029)가 그를 강제로 출가시켜 북한산 신혈사(진
관사)로 쫓아버렸다. 태후가 수차례 자객을 보내 죽이려 했으나 그곳
승려가 숨겨줘 간신히 목숨을 건졌다. 1009년(목종 12) 김치양이 천추
태후와의 혼외 아들을 왕위에 올리고자 난을 일으키자 이를 방어하
기 위해 개경에 온 서북면 도순검사 강조가 김치양은 물론 목종까지
살해하고 18세의 현종을 데려와 왕으로 추대한다.

　현종은 재위 8년(1017) 경남 사천의 아버지 묘를 이장해 개경 동북
쪽 어머니 능(개성시 영남면 현화리)과 합장한다. 무덤 아래에 부모의 명
복과 극락왕생을 비는 능침사찰로 현화사를 짓기 시작해 4년 만인

1021년(현종 12) 완공한다. 매년 봄 국가의 안녕을 기원하는 미륵보살회, 가을에는 현종의 부모를 위한 미타불회를 개설했다. 현종 사후에 절은 현종의 원찰이 됐다.

현화사 불사에는 최고 기술력이 투입됐고 그 수준을 가늠할 수 있는 칠층석탑(북한 국보)과 석비, 석등, 석불, 당간지주 등이 남아있다. 이 중 석등(덕수 2735)은 일제강점기 서울로 옮겨져 현재 국립중앙박물관에 소장돼 있다. 현화사 석등은 높이가 3.76m로 신라의 전통을 충실히 계승하고 있으며 전체에 연꽃과 꽃 무늬, 안상眼象이 화려하게 장식돼 있다. 안상은 '코끼리를 보다'라는 의미로 무늬가 마치 코끼리 두상 같다고 해서 일본 학자들에 의해 붙여진 명칭으로 알려져 있다. 복을 상징하는 편복蝙蝠(박쥐), 연꽃 형상이라는 견해도 있다. 현화사 석등은 국보나 보물로 지정돼 있지 않다.

'돌로 만든 등'인 석등石燈은 대웅전이나 탑 등 사찰의 주요 건축물을 밝히는 용도로 배치했다. 우리나라의 석등 조형미술은 다른 아시아 불교국가들을 단연 앞선다. 현재 우리나라에 산재해 있는 석등은 280여 기에 달한다. 인도는 불교 종주국이면서도 석등 자료가 전혀 밝혀지지 않고 있다. 이웃한 네팔에 7개의 석등이 있지만 이 중 5개가 힌두교 계통의 석등인 것으로 확인되고 불교를 정립하고 성장시킨 중국도 산서성의 동자사와 석우사 등 단 2개가 알려져 있을 뿐이다. 다만, 일본이 7세기 아스카, 8세기 나라, 9~11세기 헤이안시대 등 시기별로 부분품이 전해진다. 우리의 영향으로 이해된다.

이처럼 유독 우리나라에 석등이 많은 이유는 뭘까. 국내에는 현전

개성 현화사 석등

높이 303cm · 덕수 2735

1021년. 국립중앙박물관 소장. 고려 제8대 현종이 세운 개경 현화사에 있던 석등이다. 일제강점기 서울로 옮겨졌다. 경복궁을 거쳐 현재 국립중앙박물관 야외전시관에 전시돼 있다.

하는 석등 중 거의 완전한 형태를 하고 있는 것은 4분의 1 정도인 60여 개다. 완전품은 신라 석등이 26기이며 고려 31개, 조선 6개 등이다. 백제시대 석등도 있지만 부분품으로 전해진다.

불가에서는 불의 의미가 남다르다. 광명은 부처의 진리를 상징하며, 등불은 부처의 광명을 내포한다. 등대가 밤바다의 배를 이끌 듯 불교에서 등불을 밝힌다는 것은 어둠을 일소하는 동시에 부처의 진리를 만방에 비춰 중생들을 깨우치게 한다는 뜻이다. 따라서 등은 불상, 향로와 함께 가장 핵심적 불교 공양구로 인식됐다. 불을 켜고 복을 비는 연등燃燈 의식도 사찰에서 가장 중대하며 성대한 행사로 치러져 왔다.

여러 불경은 등불에 중요한 의미를 부여한다. 6세기 중엽 한역된 〈불설시등공덕경佛說施燈功德經〉은 "탑과 불상 앞에 등불을 밝히면 33천(천상계 또는 도리천·고대 인도의 우주관에서 세계의 중심에 있는 수미산 정상의 하늘)에 다시 태어나며 다섯 가지 청정清淨(깨끗하며 속됨, 허물이 없고 집착하지 않고 번뇌에 물들지 않음)을 얻는다"고 설파했다. 〈불설시등공덕경〉은 또 "등불 하나 하나가 수미산과 같고 등을 밝히는 기름은 넓은 바다와 같아 불가의 모든 공양구 중에서 으뜸이 된다"고 했다.

설령 지옥에 떨어질 죄를 지어도 등화를 바치면 구원받는다고 믿었다. 불교의식집인 〈조상경造像經〉의 '상삼조상품 15칙上三造像品十五則'은 "부처상 앞에 새와 짐승을 던져놓거나 시주한 돈을 단 한 닢이라도 손해를 끼친다면 그의 아비는 지옥에 떨어져 돌아올 수 없으니 이들 가운데 등유를 구하여 부처에 공양을 하면 죄가 사해질 것"이라고 밝했다.

특별히 우리나라는 실내를 밝히는 등뿐만 아니라 야외에 설치되는 석등에도 동등한 의미를 부여해 비중을 두고 세웠을 것으로 짐작한다. 석등은 1차적으로 사찰 경내의 야간 조명으로서 기능을 했다. 그와 함께 사찰 주변을 환하게 밝혀 중생을 교화하는 종교적 진리의 표상으로서 역할도 지니게 했다. 조명시설인 동시에 신앙심을 일으키는 종교적인 조형물로 조성됐던 것이다.

경복궁 시절의 현화사 석등
사진 국립중앙박물관.

이러한 석등은 한반도에서 백제가 제일 먼저 만들기 시작했다. 석등의 시초로 볼 수 있는 흔적들이 공주, 부여, 익산 등 모두 백제 지역에서 발견된다. 백제는 627년(무왕 28) 익산 미륵사를 창건하면서 최초의 석탑(국보 미륵사지탑)을 건립했다. 미륵사지탑 이후 화재에 취약한 목탑은 석탑으로 바뀌게 되고 그 과정에서 목등木燈 역시 자연스럽게 석등으로 대체됐을 것으로 진단한다.

석등은 불교문화가 전성기를 맞이한 통일신라 때 완벽한 모습을 갖추고 종류도 다양해진다. 이어, 고려시대에 다양한 형태와 문양의 혁신적 석등을 발전시켜 왔다. 조선은 고려의 석등을 계승하면서 왕릉이나 사대부 묘에 설치했다.

석등의 구조는 받침대인 대좌부, 불을 켜는 공간인 화사火舍부, 지붕인 옥개석 등 세 부분으로 구성된다. 화사부는 전체 평면 8면체에 전후 좌우 4면에 창이 뚫린 것이 일반적이다. 지붕석, 대좌부에는 문양을 새기며 대좌부를 사자, 용, 공양자상 등 여러 형상으로 조각하기도 한다. 화사부에도 보살상, 사천왕상 등 무늬를 넣기도 하며 창의 크기도 다양하게 나타낸다.

석등 중 국보는 총 5점, 보물은 총 21점이 있다. 국보 법주사 쌍사자 석등은 통일신라 성덕왕 19년(720)에 세워진 것으로 추측되며 기둥에 쌍사자를 뒀다. 사자 석조물 가운데 가장 오래됐으며 조각기법이 독보적이다. 국보 화엄사 각황전 앞 석등은 높이가 6.4m나 되며 시기는 통일신라 헌안왕 4년(860)에서 경문왕 13년(873) 사이로 짐작한다. 국보 부석사 무량수전 앞 석등도 통일신라 석등으로 화려하면서도 단아한 멋이 일품이다. 국보 장흥 보림사 석등은 통일신라 경문왕 10년(870) 전후 제작됐고 국보 광양 중흥산성 쌍사자 석등도 통일신라 석등이다.

아직 국보나 보물로 지정되지 않은 수작 석등도 다수 존재한다. 구례 화엄사 공양상 석등은 전형적인 석등 양식을 따르면서도 기둥을 공양자상으로 대치한 이형 석등이다. 경덕왕 때 황룡사 승려였던 연

기조사의 절절한 효행설화를 간직하고 있다. 연기조사는 병든 어머
니를 치료하고자 지리산 황둔골에 들어와 화엄사를 짓고 어머니를
지극정성으로 모셔 사람들을 감동시켰다. 석등의 공양자상은 어머니
를 수발하면서 무릎을 꿇고 있는 연기조사의 모습을 표현한 것이다.

불국사 대웅전 앞 석등은 751년(신라 경덕왕 10) 재상 김대성이 불국
사를 지으면서 조성한 것으로 석등 중 가장 완전한 형태를 하고 있
다. 석조미술의 최전성기 작품에 걸맞게 절제된 세련미가 돋보인다.

일제강점기 경주 불국사 대웅전 앞 석등

8세기 중반. 사진 국립중앙박물관. 국보나 보물은 아니지만 우리나라 석조미술의 최전성기 작품에 걸맞게 절제된 세련미가 뛰어나다.

  합천 해인사 석등은 9세기 후반의 것으로 팔각의 화사석 4면에 불법의 수호신인 사천왕상을 도드라지게 새겼고 높직한 4각 바닥돌은 한 면에 2개씩 안상限象(코끼리 두상 형상) 무늬를 표현했다. 보령 성주사지 석등(신라말), 양산 통도사 관음전 앞 석등(고려) 등도 예술성이 뛰어난 작품이지만 국가문화재가 아니다.

2부

시대의 정점에서
꽃피운 걸작

일본이 끝장낸
조선의 미니멀리즘

분청사기

　임진왜란은 '야키모노 센소燒物戰争', 즉 '도자기 전쟁'으로 불렸다. 일본이 우리에게 전대미문의 인적, 물적 피해를 입힌 7년간의 참혹했던 이 전쟁을 도자기 전쟁으로 지칭하는 이유는 무엇일까. 그 내막을 알려면 14세기 중엽부터 16세기 중엽까지 조선전기 200여 년간 풍미한 분청사기粉青沙器의 역사를 들여다봐야 한다.

　12세기 고려청자는 종주국인 중국이 자존심을 무너뜨리고 천하의 명품에 포함시킬 만큼 널리 진가를 인정받았다. 그런데 고려말기에 오면서 국가정세의 극심한 혼란 속에 화려했던 청자도 퇴화의 과정을 걷게 된다. 중앙통제와 국방의 기능이 작동하지 않는 틈새를 노려 남해안 전역에 왜구가 창궐했다. 〈고려사절요〉 등 기록을 종합하면, 고려말 40년 동안 무려 500차례에 달하는 왜구의 침입이 있었는데, 이는 우리 민족이 당한 전체 외침의 절반에 해당한다. 고려 32대 우왕이 재위한 14년(1374~1388) 동안에만 무려 378회나 쳐들어왔다. 왜구는 100척이 넘는 배를 끌고 와 마을과 사찰을 불태웠으며 사람들을 닥치는 대로 살육하고 양식은 물론 무수한 문화재들을 약탈했다. 왜침의 여파로 청자 생산 기지인 강진·부안의 도자기 기술자들이 전국으로 뿔뿔이 흩어지면서 청자 생산 기반도 와해됐던 것이다.

한편으로는 지방으로 퍼져 나간 기술자들은 도처에 소규모 가마를 짓고 귀족적 취향의 청자가 아닌 실생활용 서민 도기를 제조하기 시작한다. 그들은 청자에 비해 정교하고 화려한 맛은 떨어지지만 형식에 구애받지 않는 파격과 해학으로 독특한 아름다움을 창조했다. 이것이 바로 분청사기이다.

강진으로부터 전국으로 확산된 분청사기 가마는 300개가 훨씬 넘었다. 1424년에서 1432년 사이에 기록된 〈세종실록〉 '지리지'에는 전국 자기소 139개, 도기소 185개가 조사돼 있다. 분청사기 도공들은 청자의 정형성에서 과감히 탈피해 장식의 기법과 소재, 제작방법에서 종전과 전혀 다른 실험적 자기를 만들어냈다. 편병(몸체의 양면이 납작한 병), 자라병(자라 형태의 병), 장군(액체를 담는 장구 모양의 그릇) 등 자유분방하면서 실용성이 강조된 기형器形과 익살스러우면서도 대범한 물고기, 새, 버드나무, 모란, 국화, 연꽃 등 문양은 분청사기를 대표하는 이미지로 굳어졌다.

이 시기 바다 건너 일본에서는 다도가 다이묘大名들의 최고급 문화

'분청사기 철화 연꽃물고기무늬 병'
덕수 5612

조선전기. 국립중앙박물관 소장.
분청사기에는 익살과 파격 등 서민
들의 생활감정이 잘 표현돼 있다.
국보·보물로 지정돼 있지 않다.

로 자리 잡으면서 다완茶碗의 수요가 폭발적으로 증가했다. 하지만 일
본의 후진적 도자기 기술은 그들의 욕구를 따라가기에 역부족이었
다. 이런 상황에서 그들은 투박한 듯 보이지만 그 어디에서도 찾을

'분청사기 인화무늬 항아리'
동원 431

조선전기. 국립중앙박물관 소장.
꽃무늬가 반복적으로 새겨진 수작
분청사기다. 마찬가지로 국가문화
재가 아니다.

수 없는 독창적이면서도 자연적인 멋을 발산하는 조선의 분청사기에
매료됐다.

일본이 임진왜란을 일으킨 이유는 여러 가지가 있지만 조선의 분
청사기 기술을 빼내가기 위한 목적도 컸다. 왜군은 전쟁기간 조선 도
공들을 계획적, 조직적으로 싹쓸이하듯 끌고 갔다. 임진왜란을 도자
기 전쟁이라고 표현하는 이유다.

조선에서 분청사기 명맥이 끊긴 것에 대해 광주 관요를 중심으로 왕실백자가 제조되면서 이에 흡수된 것이라는 견해도 있지만 학계는 전쟁을 분청사기 소멸의 원인으로 해석한다. 고고미술학자 혜곡 최순우(1916~1984)도 "분청사기 기법은 15세기 중엽 새로운 문물이 싹트던 세종 때 절정을 이루었다. 그러다가 임진왜란이 일어나자 도공들을 수백 명씩 일본으로 빼앗겨서 분청사기의 전성기도 사라지게 된다"고 했다. 결국, 조선의 뛰어난 분청사기 도공들을 빼내간 덕에 일본은 17세기 이후 세계적인 도자기 선진국으로 거듭났던 것이다.

사실 분청사기는 원래 존재하지 않던 명칭이다. 20세기 들어와서 새로 생긴 용어다. 우리의 문헌들은 분청사기를 그냥 도기, 자기, 그릇으로 기술하고 있을 뿐이다. 일본인들은 '미시마테三島手'로 불렀다. 분청사기의 인화문印花文(도장으로 토기 표면에 찍어 만든 세밀한 무늬)이 시즈오카현의 미시마 신사 달력과 비슷하다고 해서 붙여졌다고 전해진다. 그랬던 것이 미술사학의 선구자 우현 고유섭(1905~1944)이 1941년 〈춘추〉라는 잡지에서 "분장회청사기粉粧灰青沙器"라고 정의하면서 이를 줄여 비로소 분청사기라는 이름이 탄생하게 됐다.

분청사기는 청자처럼 환원염(가마 내 산소 공급을 줄여 도자기 속의 산소를 모두 배출하고 철분이 푸른색을 발현토록 하는 소성방식)으로 굽는다. 따라서 바탕은 푸른색을 띠지만 그릇 표면에 백토(분)가 얇게 칠해져 있어 분청사기라고 했던 것이다.

고유섭의 언급대로, 분청사기 하면 백토로 자기를 분장粉粧해 원하는 무늬를 그린 뒤 무늬를 제외한 배경의 백토를 긁어내는 제작방식

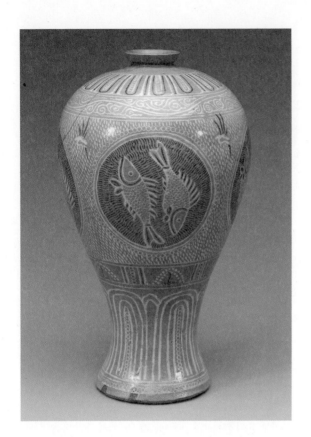

보물 '분청사기 상감 물고기무늬 매병' 조선전기. 국립중앙박물관 소장. 고려청자의 전통을 잇고 있지만 독창적이면서도 자연스러운 미가 돋보이는 작품이다.

이 우선적으로 떠올려진다. 전문적으로 '박지剝地'라는 기법이다. 호림박물관 소장의 국보 '분청사기 박지 연꽃물고기무늬 편병'은 자연스럽게 묘사된 연잎과 여러 개의 연꽃 봉오리, 그 사이의 물고기무늬가 능숙한 박지 솜씨를 뽐낸다. 국립중앙박물관 소장의 국보 '분청사기 박지 철채모란무늬 자라병'도 자라 모양의 특색 있는 자기로 여백에 검은색 안료인 철채를 칠한 수작이다.

백토를 분장한 뒤 원하는 무늬를 선으로 그리는 '음각기법' 또는 '조화彫花기법'도 분청사기에서 자주 쓰였다. 국립중앙박물관 소장의 국보 '분청사기 음각 물고기무늬 편병'은 두 마리의 물고기와 모란, 파초 등을 생동감 넘치는 선으로 나타내고 있다.

'상감기법'(반 건조된 그릇표면에 무늬를 음각하고 백토·흑토로 메워 구워내는 기술)도 많이 응용됐다. 상감기법에는 다시 선으로 무늬를 만드는 '선상 감', 넓게 무늬를 새긴 '면상감'이 있다. 국립중앙박물관 소장의 국보 '분청사기 상감 용무늬 항아리'는 선상감을 주로 사용하고 있는데 분청사기를 통틀어 최고 작품으로 꼽힌다. 국립중앙박물관 소장의 보물 '분청사기 상감 물고기무늬 매병'과 '분청사기 상감 연꽃덩굴무늬 병'도 빼어난 상감 분청사기다.

꽃 모양의 도장을 찍어 눌린 부분에 백토를 채워넣는 '인화印花기 법'도 활용됐다. 뛰어난 분청사기 작품들 중에는 인화자기가 많다. 태항아리로 추정되는 '분청사기 인화무늬 항아리', 합천장흥고長興庫(궁중물품 조달 관청)가 새겨진 '분청사기 인화무늬 항아리(국립중앙박물관 소장·동원 127)'는 일정한 도장을 반복해 찍어 추상적인 분위기를 유감없이 드러낸다. 두 작품 모두 국보·보물이 아니다.

백토 분장한 후 검은색 안료인 철채로 무늬를 그리는 '철화기법' 도 있다. 철화기법의 분청사기로는 국립중앙박물관 소장의 '분청사기 철화 연꽃 물고기 무늬 병', '분청사기 철화 덩굴무늬 항아리(신수

**'합천장흥고가 새겨진
분청사기 인화무늬 항아리'**

동원 431

조선전기. 국립중앙박물관 소장.
국가문화재가 아니다.

11444)', 삼성 리움 소장의 '분청사기 철화 물고기무늬 항아리' 등이 있
으며 회화적인 것, 익살스러운 것, 추상적인 것 등 서민들의 생활감
정을 담은 무늬들이 주를 이룬다.

　　분청사기의 시대를 앞서간 질감과 표현법, 문양 등은 놀랍게도 현

**국보 '분청사기
상감 구름 용무늬 항아리'**

조선전기. 국립중앙박물관 소장.
상감, 인화 등 여러 기법을 혼용해
만든 수작 분청사기다.

대미술의 미니멀리즘(단순·간결을 추구하는 예술 경향)과 추상주의와 연결
되고 있다. 실제로 분청사기의 형태와 문양은 이중섭 등 여러 현대
화가들에 의해 끊임없이 재현되고 있다. 200년의 길지 않은 시간에
명멸했지만 한국미의 원형을 형성하면서 오늘날까지도 우리의 예술

**국보 '분청사기
박지 연꽃물고기무늬 편병'**

조선전기. 호림박물관 소장. 분청사기의
시대를 앞선 기형과 문양은 현대미술과
맞닿아 있다. 사진 문화재청.

정신 속에 살아 꿈틀대고 있는 것이다. 분청사기는 국보가 6점, 보물
은 27점에 불과하며 여전히 무수한 명품 분청사기들이 국가문화재로
분류돼 있지 않다.

석굴암 본존불 능가하는
또 다른 걸작

통일신라 철불

우리나라 불교 조각의 최고봉이 국보 석굴암 본존불과 국보 금동 미륵보살반가사유상이라는 데 이론이 없다. 석굴암 본존이 석불의 대표주자라면, 국보(제83호) 금동미륵보살반가사유상은 금동불의 얼굴인 것이다.

신라 말기부터 고려 초까지 짧은 기간 등장했다가 사라졌던 철불 (쇠로 주조한 불상)에서도 앞의 두 작품에 비견될 대작 불상이 전해져 온다. 지금 당장 국보로 지정해도 손색없지만 일반에게는 거의 알려져 있지 않은 '숨겨진 걸작'이다. 국립중앙박물관이 소장 중인 '통일신라 철조여래좌상(이하 통일신라 철불)'이 그것이다. 여래는 석가모니 부처의 별칭이다.

**보물 '하남 하사
창동 철조석가여래좌상'**
불상 높이 281.8㎝ · 국립중앙박물관 소장

고려 초. 통일신라 불상 양식을 계승한 고려시
대 철조불이다. 통일신라 철불과 함께 철조불을
대표하는 불상 중 하나이다. 현존하는 불상
중 가장 크다.

이 불상은 전체적인 형태가 석굴암 본존과 매우 닮았다. 뿐만 아니라 넉넉한 얼굴 표정, 사실적인 천의 주름 모양 등 빼어난 주조기술은 철불 중에서 가장 아름답고 완벽하다. 철불들은 대체로 신라말기인 9세기 이후에 유행하지만 이 불상은 불교 조각의 전성기인 8세기 통일신라의 흔적을 잘 간직해 특별히 '통일신라 철불'로 지칭된다.

철불의 등장과 발달은 불교의 전국적 확산으로 불상의 수요가 급증한데 따른 결과였다. 신라말기에 접어들면 치열한 왕권다툼이 벌어져 정치적으로 매우 혼란해진다. 중앙의 절대왕권이 쇠퇴하는 대신 자체적으로 사병을 보유한 지방호족 세력이 부상한다. 이 시기 종교적으로도 일대 변화가 일어난다. 당나라 유학승들이 귀국해 중국에서 유행하던 선종禪宗을 본격 도입하면서 경전·귀족 중심의 신라 불교에 충격을 던진다. "경전에 의지하지 않고도 수행을 통해 마음을 교화하면 누구나 부처가 될 수 있다"는 선종의 교리는 지방의 호족들을 자극한다. 호족들이 경쟁적으로 자신의 지역에 사찰을 건립하고 중국에서 돌아온 선승들을 맞아들이면서 선종불교가 지방으로 빠르게 확산된다.

불상도 오대산, 천태산 등 중국 불교 성지에서 널리 조성됐던 철불이 본격적으로 제작되기 시작한다. 우리나라에서는 신라말기인 9세기 중반 이후부터 고려 초까지 실상사, 성주사, 보림사, 봉암사 등의 지방선종 사찰을 중심으로 철불이 집중적으로 주조됐다. 현존하는 철불은 대략 50여점 정도인 것으로 파악되고 있다.

철불은 제작이 까다로운 대신 조성 비용이 구리를 주재료로 한 금동불보다 저렴한 장점이 있다. 왕실이 아닌 지방의 유력자들도 상대적으로 저렴한 재료인 쇠를 이용해 불상을 만들 수 있게 된 것이다. 쇠는 호족들이 거느리고 있는 사병들의 무기나 용구들을 제작하기 위해 항상 준비하고 있어 쉽게 구할 수 있는 금속이기도 했다. 그러다 보니 금동불은 손에 잡히는 작은 크기가 대부분이지만 철불은 2m가 넘는 거대불상도 많다. 다만 쇠는 가공하기 힘들어 이를 불상으로 만들려면 금속을 다루는 기술이 고도로 발달해야 한다. 당시엔 용광로가 없어 쇠를 여러 개 도가니에 넣어 1200도 이상 온도로 녹인 뒤 동시다발적으로 부어 주조했다. 중간에 멈췄다 다시 부으면 불상이 깨지기 십상이었다. 이런 제약으로 인해 일본에서는 이보다도 훨씬 늦은 13세기 가마쿠라鎌倉 시대에 들어서야 비로소 철불이 등장한다.

지방 거점별로 철불을 제조하는 조직적인 장인 집단이 존재했으며 지방의 부유한 세력들이 이들을 초청해 불상을 만들게 했을 것으로 추정한다. 철불 얼굴은 전형적인 금동불 형태를 벗어나 인상이 모두 제각각이면서 개성적이다. 때문에 돈을 시주한 공양주 얼굴을 불상에 담았을 가능성도 제기한다.

철불은 특징적으로 가슴과 배에 돌출된 접합선이 있다. 불상 주조 과정에서 철물이 바깥틀 이음 부위 사이로 배어 나와 생긴 선이다. 철보다 더 단단한 끌이나 정 등 도구가 없어 주조과정에서 생긴 흔적이 그대로 남은 것이다. 공정이 어려워 정교한 기술을 요하는 손 부분은 나무로 조각해 붙이기도 했다. 주조물 위에 옻칠하고 금박을 입혀 불상을 최종적으로 완성했다.

통일신라 철조여래좌상 전체 모습
불상 높이 1.5m ·국립중앙박물관 소장

통일신라 8세기. 석굴암 본존불, 금동
미륵보살반가사유상과 함께 '3대 불
교조각 명품'으로 꼽힐 만 하지만 아직
국보나 보물로 지정돼 있지 않다.

 통일신라 철불은 이 같은 철불의 출발선상에 있는 불상으로 한국
불교조각사에서 매우 중요한 위치를 차지한다. 불교 조각은 국보 석
굴암 본존불이 탄생한 8세기 중반 통일신라시대를 정점으로 예술적

무관의 국보

통일신라 철불 얼굴 부분

으로나 기교적으로 퇴보해 형식화되는 경향을 보이게 된다.

통일신라 철불은 생동감 넘치는 얼굴, 미끈한 눈과 눈썹선, 장대한 어깨와 양감이 넘치는 가슴, 결가부좌한 다리의 넘치는 볼륨감 등 석굴암의 본존과 비슷하다. 오른쪽 어깨를 드러낸 편단우견偏袒右肩의 착의법과 항마촉지인降魔觸地印(오른손은 손바닥을 아래로 무릎 위에 올려놓고 두 번째 손가락으로 땅을 가리켜 모든 악마를 굴복시켜 없애 버린다는 의미를 담은 손 모양)의 수인, 다리 사이로 펼쳐진 부채꼴 모양의 옷주름 등 형식적인 면에서도 석굴암 본존불을 그대로 따르고 있다. 철이라는 재료의 제한적 요소를 고려할 때 팔뚝에 자연스럽게 표현된 옷 주름 등은 석굴암 본존상을 능가한다는 평가도 받는다.

사실 일각에서는 석굴암 불상들의 수법이 너무 노련해 오히려 이미 그 뒤에 오는 불상들의 쇠퇴를 예고한다는 평가도 한다. 이에 반해 자유분방한 형식과 힘이 충만한 양식의 조화를 보여주는 통일신라 철불은 그 이전의 것을 종합, 완성한 생동미를 보여준다는 관점에서 시기적으로 석굴암 본존을 앞설 수 있다는 주장도 제시된다.

어떻든 이 철불의 제작 시기를 석굴암 본존불과 비슷한 8세기 중엽으로 비정하더라도 우리나라에서 그 이전인 8세기 초부터 철불이 조성됐을 것이라는 추정이 가능하다. 따라서 통일신라 철불은 우리나라에서 철불이 생산되기 시작한 시기를 알려주는 잣대를 제공하고 있는 것이다.

철불은 해외에서도 진가를 인정받았다. 철불은 2013년 연말부터 2014년 연초까지 미국 뉴욕 메트로폴리탄 박물관(이하 메트)에서 열린 〈황금의 나라, 신라〉 특별전에 출품한 바 있다. 전시회는 메트 특별전시실에서 최초로 소개된 한국 미술전인 동시에 신라를 주제로 서구에서 열린 첫 기획전이었다. 그에 걸맞게 국보(제83호) 금동미륵보살반가사유상, 국보 황남대총 북분 금관, 국보 경주 부부총 금귀걸이, 국보 구황동 금제여래좌상, 보물 계림로 보검 등 대한민국의 '간판급 문화재'가 총출동했다.

그런데 현지 전문가들은 전시회에서 이들을 모두 제쳐두고 통일신라 철불을 주목했던 것이다. 미국 미술사학자들은 "금동불(금동미륵보살반가사유상)에서는 느낄 수 없는 장엄미가 일품이다. 어둡고 거친

통일신라 철불
불상 높이 1.5m·K983

통일신라 철불 앞에서 포즈를 취한 가수 싸이. 통일신라 8세기. 국립중앙박물관 소장. 통일신라 철불은 2013년 뉴욕 메트로폴리탄박물관에서 개최된 〈황금의 나라, 신라〉에 메인 전시품으로 출품돼 많은 인기를 모았다. 사진 매경DB·가수 싸이 SNS.

느낌의 철 재질과 고도의 조각 기법은 서양 어디에서도 찾을 수 없는 것이다"라고 감탄사를 연발했다.

이런 통일신라 철불은 안타깝게도 출토지를 알지 못한다. 일제강점기 이후 오랜 기간 '운산면 철불'로 구전돼 왔다. 이 철불의 총독부박물관 반입 당시 문서에 "1918년 4월 25일 충남 서산군 운산면에서

인수했다"고 기술돼 있어서였다.

운산면의 대표적 사찰은 보원사이다. 그런데 국립중앙박물관에는 보원사지에서 옮겨온 또 다른 철불이 존재한다. 1920년에 출간된 〈박물관 진열품 도감〉은 1918년 3월 보원사지에서 운반해온 철불을 소개한다. 높이 2.57m의 초대형 불상인 '보원사지 철조불 좌상(본관 5191)'이다. 보물 '보원사 법인국사보승탑비'에서 "고려 4대 광종(925~975·재위 949~975)의 스승인 법인국사 탄문(900~975)이 955년 석가 삼존 금상을 조성해 보원사에 봉안했다"고 밝히고 있는 바로 그 불상이다. 각종 기록과 일제강점기 유리건판 사진 등을 분석할 때 초대형 철불의 출토지는 보원사지가 확실하다.

두 불상의 손모양은 모두 본존불의 항마촉지인의 형태를 취하고 있다. 항마촉지인 좌상은 대개 사찰의 중심 건물인 금당에 본존으로 봉안하는데 한 사찰에 같은 도상의 불상을 모셨다는 것은 선뜻 이해하기 어렵다. 따라서 현재로서 통일신라 철불이 보원사지 불상일 가능성은 많지 않다. 물론 다른 봉안처에 존치하다가 후대에 중창 등 다른 발원에 의해 보원사로 옮겨졌을 여지가 전혀 없는 것은 아니다.

어쨌든 이 불상은 '운산면 철불'보다는 '통일신라 철불'로 호칭 하는 게 보다 적절하다는 결론이다.

삼국시대의 발전된 주조술을 잘 보여주는 2구의 국보 금동미륵보살반가사유상(국보제78호, 제83호)도 국적 논란이 지금까지 이어지고 있다. 통일신라 철불은 언제쯤이면 구체적인 제작시기와 봉안됐던 사찰·지역이 밝혀질 수 있을까.

무관의 국보

육감적 몸매의 관음보살은
여자인가, 남자인가

금동관음보살좌상

　"나무아미타불 나무관세음보살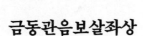南無阿彌陀佛 南舞觀世音菩薩, 나무관세음보살."

　불교신자가 아닌 일반인에게도 널리 알려진 불교의 대표적 명호名號(주문)다. 나무는 범어의 'Namasa'를 한자로 표기한 것으로 "귀의한다"는 뜻이다. 즉, '아미타불과 관세음보살에 귀의한다', '관세음보살에 귀의한다'는 의미인 것이다.

　아미타불은 극락세계를 주관하는 부처다. 따라서 "나무아미타불"을 읊조린다는 것은 죽은 자의 극락왕생을 애원한다는 갈구의 표현이다. 관세음보살은 자비의 보살로 아미타부처를 보좌한다. 보살은 깨달음을 얻었지만 중생 구제에 전념하려고 부처가 되기를 거부한 존재다. 관세음보살은 관세음観世音이라는 명칭에서도 알 수 있듯 현실세계에서 중생의 고통스런 소리를 들어 모두 구제해 준다. 현생의 중생에게 자비를 베푸는 존재인 것이다. 뿐만 아니라 사후세계에서는 아미타불을 협시하며 죽은 자를 극락으로 인도하는 보살이다. 그래서 모든 보살 중 제일 전지전능하면서 또한 인기가 있는 보살이다. 줄여서 관음보살이라고도 하며 자유자재로 본다고 해서 '관자재観自在보살'이라고도 한다.

관세음보살은 흔히 속이 비치는 천의天依(천인이 입는 옷) 차림에 육감적 몸매의 여자 형상을 하고 있다. 그런데 자세히 보면

고려불화의 정수로 평가받는 수월관음도水月觀音圖

고려시대 14세기. 미국 프리어 쌔클러 미술관 소장.
관음보살은 구원을 원하는 자에 따라 남성의 몸으로도,
여성의 몸으로도 나타난다.

대부분 코밑에 가느다란 수염이 나 있다. 관음신앙해설서인 〈법화경
法華經〉의 '관세음보살보문품觀世音菩薩普門品'은 "(관음보살은) 제도할 이에게
그 몸으로 나타내어 설법한다"고 서술한다. 따라서 관음보살은 남녀
모두의 모습을 하고 있는 것이다.

사실 대중에게 가장 친숙한 보살인 만큼 관음보살의 형태는 매우
다양하다. 관세음보살보문품은 '33응신'을 언급한다. 응신應身은 부
처나 보살이 사람의 모습을 하고 나타남을 이른다. 3은 불교에서 길
수로 여겨진다. 길수인 3이 두 번 겹쳐진 33은 완전하고 성스러운 숫
자다.

33응신 중 대표적인 것을 몇 가지 들면, 양류楊柳관음은 오른손에
버들가지를 들고 있으며 자비의 화신으로 온갖 병을 고쳐준다. 버드
나무 가지는 복을 부르고 악을 물리치는 수단이다. 유희遊戱관음은 오
색구름을 타고 법계를 자유롭게 누비며 높은 곳에서 떨어져도 상하
지 않게 구원한다. 백의白衣관음은 흰 옷 차림의 비구니의 몸으로 응
신해 순조로운 출산을 도와주고 어린아이의 생명을 보살펴 준다.
수월水月관음은 물에 비친 달을 내려다보는 형상을 하고 있다.

천태종 경전인 〈마하지관摩訶止觀〉은 육도六道(깨달음을 얻지 못한 무지한 중
생이 업에 따라 태어나는 6가지 세계)중생을 구제하는 6관음도 제시한다. 성聖
관음은 우리가 일반적으로 일컫는 관음이다. 여러 가지 관음으로 변
화하기 전의 중심보살로서 몸이 하얀색이며 오른손으로 연꽃을 가슴
에 대고 있다. 십일면十一面관음은 본얼굴을 포함해 머리에 사방으로
11개의 얼굴이 나 있다. 11개의 머리는 관음보살의 전지전능한 능력

을 상징한다. 경주 석굴암 본존불 뒷면의 벽에 십일면관음보살상이 정교하게 조각돼 있다. 천수千手관음은 자비와 구원의 범위가 무궁무진함을 표시하는 천 개의 눈과 천 개의 손을 갖고 있다.

관음은 33관음, 6관음 외 다른 명칭도 있다. 관음이 머물고 있는 곳은 보타락가산補陀洛迦山이다. 당나라 현장이 쓴 〈대당서역기大唐西域記〉의 기록에 의하면, 관음의 성지인 보타락가산은 현재 스리랑카와 가까운 인도 남동부지방 바닷가 어딘가에 위치하는 것으로 나타난다. 우리나라에서도 남해의 보리암, 양양의 낙산사 홍련암, 강화 보문사 등 해안의 사찰을 관음성지라고 하며

경주 석굴암 십일면관음보살상

통일신라 8세기 중반. 십일면(十一面)관음은 본얼굴을 포함해 머리에 사방으로 11개의 얼굴이 나 있다. 11개의 머리는 관음보살의 전지전능한 능력을 상징한다. 사진 문화재청 (故 한석홍 기증 자료).

경주 석굴암
십일면관음보살상
얼굴 부분

이들 사찰에 모셔진 관음을 특별히 해수海水관음이라고 지칭한다.

관음보살의 중요한 특징 중 하나는 모자를 쓰고 있다는 점이다. 정토종의 경전인 〈관무량수경觀無量壽經〉에 따르면, 관음보살은 천관天冠(천인의 모자)을 쓰고 있고 천관 앞쪽에 화불化佛(소형 부처)이 붙어 있다. 관음보살과 함께 아미타불을 보좌하는 대세지大勢至보살은 모자 앞에 보석병이 달려있다.

이 같은 관음보살은 불교의 여러 존상 중에서 중생의 고통에 귀를 기울이고 중생을 구제하는 대자대비大慈大悲(한없이 넓고 큰 자비로움)의 상징으로서 수많은 조각과 그림으로 재현돼 사찰에 봉안돼 왔다.

**엄숙한 모습을 찾아볼 수 없는
국립중앙박물관 소장 금동관음보살좌상**

덕수 801

오랜기간 제작시기를 놓고 논란이 있었
으나 조선전기인 15세기 만들어진 것으
로 판명 났다. 최고의 관음보살상으로 꼽
힌다.

다른 각도에서 찍은
국립중앙박물관 소장
금동관음보살좌상

　국내의 여러 관음보살상 중 독보적인 외형으로 주목 받아온 조각
상이 있다. 국립중앙박물관 소장 금동관음보살좌상이 그 주인공이다.
38.5㎝ 높이의 크지도 작지도 않은 불상이다. 국보나 보물로 지정돼
있지 않다. 이 보살상에서는 특이하게도 다른 불상의 엄숙함과 경건
함을 찾기 힘들다. 오히려 자세가 불량스러워 보일 정도로 자유분방
하다. 오른쪽 무릎을 치켜세워 그 위에 오른손을 걸치고 몸을 왼쪽으
로 비딱하게 기울여 왼손으로 바닥을 짚어 의지하는 몸가짐은 관능
적이기까지 하다. 이 같은 포즈는 전륜성왕轉輪聖王(무력이 아닌 정의로서 세

상을 다스리는 인도신화의 이상적 제왕)의 자세라는 의미로 윤왕좌輪王坐라고 지칭한다. 일반적인 결가부좌結跏趺坐(발바닥을 위로 한 채 다리를 꼬고 앉는 보통의 불교 좌법)와 대비된다.

윤왕좌의 관음보살상은 중국의 송·원대에 크게 유행했으며 우리나라에서는 고려후기와 조선 초기 불화에서 그 모습을 확인할 수 있을 뿐 조각으로 남은 사례는 거의 드물다. 관음의 중요 특징인 화불이 있는 화려한 보관에, 꽃모양의 커다란 귀걸이, 영락瓔珞(목이나 팔에 두르는 구슬장식)으로 뒤덮인 신체, 이국적 용모 등도 시선을 끈다.

이는 몽골·티베트 계열 불교인 소위 라마교 불상의 영향을 반영한 것이다. 그러면서도 라마교 불상이 지닌 특유의 관능미와 과도한 장식성을 억제하고 부드럽고 다소 단순화된 형태는 이국적인 불상 양식이 한국적으로 수용되는 과정을 보여준다. 이 같은 특징으로 인해 오랫동안 이 보살상은 고려시대 작품으로 인식돼 왔다. 하지만 국내외 불교조각 비교, 복장물 분석을 통해 이 보다 후대인 조선전기 조각상이라는 사실이 밝혀졌다.

국립중앙박물관 금동관음보살좌상은 역삼각형이 강조된 얼굴과 온화한 표정, 다채로운 장신구가 특징이다. 명대 영락연간(1403~1424)에 유행한 티베트 불교조각들 역시 이마 부분이 가로로 넓고 턱은 좁은 특성이 한층 두드러진다. 따라서 금동관음보살좌상에서 보이는 역삼각형에 오밀조밀한 이목구비는 명대 초기 불상 양식의 영향에 의한 것으로 이해된다.

국립중앙박물관 금동관음보살좌상은 고려시대 윤왕좌상으로 알

**보물 강원도 회양군 장연리
금동관음보살좌상**

국립춘천박물관 소장. 14세기 후반~15세기 초
제작된 것으로 추정된다. 금동관음보살좌상
처럼 티베트 불교미술 요소가 많은 곳에서 드
러난다. 화려한 장신구와 보관, 커다란 원반
형 귀걸이, 오밀조밀한 이목구비, 잘록한 허리
등이 특징이다.

무관의 국보

려진 고성사 관음보살상이나 대흥사 관음보살상의 장식과 비교할 때 차이가 확연하다. 대신 명대 사원벽화인 중국 베이징 법해사 벽화에 등장하는 관음보살상의 보관, 장신구, 자세와 유사한 형태를 하고 있다. 법해사 벽화는 중국 송대부터 유행한 티베트계 전통적 도상에 명대 영락 연간에도 크게 성행한 변모된 티베트계 불상양식이 더해져 탄생됐다. 이에 따라 국립중앙박물관 금동관음보살좌상의 제작연대는 고려시대보다는 '조선 초기 15세기'로 추정할 수 있다.

보살상 내부에서 나온 복장물 연구에서도 유사한 결론이 얻어졌다. 복장물은 교란된 상태였는데 후령통(복장을 넣는 통), 금속제 팔엽연화八葉蓮花, 채색번幡(부처의 공덕을 적은 깃발), 포장직물, 씨앗, 오향, 약 등이 발견됐지만 발원문과 같이 불상의 제작시기를 추측할 수 있는 기록은 남아있지 않았다. 복장물 양식과 직물의 직조상태, 오향과 약의 포장재에 쓰인 한글(17세기 이후 사라진 '아래 아'자 사용) 등을 조사한 결과, 조선 전기 한 차례 납입되고 일부는 조선후기인 17세기 납입된 것으로 확인됐다. 관음보살상은 조선전기 복장물 납입 때 조성됐던 것이다.

제작시기가 보다 명확해진 이 금동관음보살좌상은 한국 조각사의 수준을 한껏 높여주는 수작 불상임에 틀림없다.

인도의 물병,
고려 예술의 황금기를 장식하다

/

고려 정병

많은 종교가 깨끗한 물을 성스럽게 여긴다. 기독교와 이슬람 문화
권에 성수聖水가 있다면, 불교에는 법수法水가 있다. 건조지대인 중동
이 그렇듯 남방의 열대 기후지역인 인도 역시 먹을 수 있는 물을 구
하기가 쉽지 않다. 식수가 귀한 척박한 환경으로 인해 이들 지역은
물을 신성시했던 것이다.

불교는 청정수를 존귀한 부처에 공양했다. 불상을 목욕시키는 관
불灌佛 또는 욕불浴佛은 석탄일에 제일 중요한 의식으로 행해졌다. 8세
기 초 당나라 승려 의정이 한역한〈욕불공덕경浴佛功德經〉'구룡토수九龍吐
水(석가모니 탄생설화)'는 "석가가 태어날 때 아홉 마리의 용이 날아와 청

정수를 토해내며 관정灌頂(목욕)시켰다"고 했다.

후세에 와서 탄생불 형상의 머리에 물을 붓는 행위에 복을 구하고 죄를 멸하는 의미가 덧붙여진다. 〈욕불공덕경〉은 "관불은 모든 공양의 으뜸"이라며 "현재의 부귀와 안락을 받고 병이 없이 오래토록 평온하고 원하고 구하는 일이 뜻대로 되지 않음이 없다"고 했다.

불교의 확산 과정에서 등장한 제 존상들도 물과 연결 짓는다. 관음觀音보살 또는 관세음觀世音보살은 현실의 고통에서 중생의 소리를 들어 모두 구제해 주는 보살 중 가장 전지전능하면서 인기 있는 보살이다. 보살은 깨달음을 얻었지만 중생 구제에 전념하려고 부처가 되기를 거부한 존재다. 5세기 초 인도출신 승려 축난제竺難提가 번역한 〈청관세음보살소복독해다라니주경請觀世音菩薩消伏毒害陀羅尼呪經〉은 "버드나무 가지와 정수를 갖추어 관세음보살에게 바치니 대비大悲관세음보살은 모든 중생들을 어여삐 여기고 가엾게 여겨 구호하고자…"라고 했다. 관음보살의 물은 감로수甘露水(한 방울만 마셔도 온갖 괴로움이 없어진다는 불법의 영액)라고 부르기도 한다.

아득한 미래에 출현해 수많은 중생을 구원으로 이끄는 미륵불 상징도 물이다. 〈미륵하생경彌勒下生經〉에 의하면, 미륵은 인간 세상에 하생(환생)할 때 성직자계급인 브라만 집안의 아들로 태어났는데 브라만들이 포교를 위해 물을 뿌리던 데 근거한 것이다.

이처럼 불교에서 법수는 중생을 제도하는 핵심 수단으로 받아들여졌다. 법수는 정수淨水로, 용변을 본 후 손을 씻는 촉수觸水와 엄격히 구분했다. 정수를 담는 병도 정병淨瓶으로 호칭하면서 특별한 의미를 부여했다. 무형의 법수를 가시적으로 드러내는 상징물이자, 각 존상의 소지품으로서 중요하게 다뤄졌던 것이다. 정수는 불전에 바치는 기본 공양인 만큼 향로를 중심으로 좌우에 정병을 배치하며 관음보살, 미륵불에게도 정병이 항상 들려져 있다. 관음보살의 정병은 감로수를 담아 감로병 또는 보병寶瓶으로도 불렀다.

정병은 승려의 필수품이었다. 서역 출신의 승려 구마라집鳩摩羅什(344~413)이 한역한 〈범망경梵網經〉은 승려가 수행을 할 때 반드시 몸에 지녀야하는 18가지 물품을 제시한다. 그 가운데 정병과 녹수낭이 포함돼 있다. 녹수낭은 물속의 벌레를 걸러내는 여과주머니로, 맑은 물을 얻기 위한 도구이다.

인도에서 기원한 정병이 중국에 도입된 시기는 불교가 전래된 2세기 무렵으로 추정한다. 우리나라와 일본에서도 8세기에서 14세기 유행했다. 중국은 원대 라마교 영향으로 12세기 이후 명실상부한 정병은 사용되지 않는다.

동아시아 각 국에서 정병은 다양한 모습으로 발달했지만 대체로 광견형廣肩形(몸통의 어깨가 넓은 모양), 구형球形, 편구형扁球形, 능형세장경菱形細長頸(마름모꼴), 군지형軍持形(깔때기 모양) 등으로 분류된다. 이 중 군지형은 한눈에 보기에도 다른 유형과 확연히 차이가 난다. 옆쪽에 달린 새부리 모양의 구멍으로 물을 주입하고 꼭대기의 긴 목에 있는 구멍으로 물을 따르는 구조다. 입수구와 출수구를 분리한 것은 더운 낮에도 물을 시원하게 보관하려는 목적이다. 독특한 외형의 이 군지형은 유독 고려에서 독보적으로 발전하면서 높은 경지의 예술적 성취를 이뤄내 주목받아왔다.

정병이 우리나라에 전해진 것은 7세기 말. 〈삼국유사〉제 4권 '승전촉루勝詮髑髏'조는 "현 수국사가 승전법사를 통해 의상에게 '지금 서국(인도)의 군지(물병)와 조관(대야) 한 개를 보내 작은 정성을 표합니다'라 는 내용의 편지를 부쳤다"고 썼다. 현수국사(법장)는 당나 라 승려로 의상대사와 동문 수학한 인물이다. 신라 출신 의 제자인 승전법사가 692년 (효소왕 1) 귀국하자 그의 편으로 의상에게 정병을 선물 보냈던 것이다.

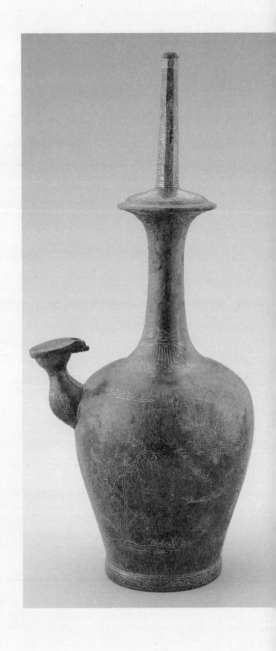

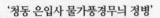

'청동 은입사 물가풍경무늬 정병'

덕수 3772. 고려시대 12세기. 국립중앙박물관 소장. 국보·보물로 지정돼 있지 않다.

정병과 관련한 첫 기록으로, 이로 미뤄 우리나라에 처음으로 도입된 정병의 형태가 중국의 것이 아닌 인도의 군지형임을 알 수 있다. 8세기 중엽 건축된 석굴암의 십일면관음상과 범천상梵天像(불교수호신)에서도 정병이 관찰된다. 이를 포함해 조각 몇 점을 제외하고는 현존하는 대부분의 정병은 고려시대에 제작됐다.

고려 정병의 구체적 모양은 송나라 사신 서긍이 쓴 〈고려도경〉에 잘 적혀 있다. "목은 길며 배가 불룩하다. 옆에는 부리가 있다. 물만 담을 수 있고 높이는 1척2촌(37.4㎝), 배의 지름은 4촌(12.5㎝), 용량은 3되이다." 전형적인 군지형 정병인 것이다. 새부리 모양의 주입구는 줄을 맬 수 있는 고리역할도 했다.

고려 정병은 인기가 높았다. 〈고려도경〉도 "존귀한 사람과 나라의 관원, 사원, 민가에 다 쓴다"고 했다. 전형적인 형태의 정병은 그러나 고려 말부터 사라지고 조선시대에는 간소화된 주전자 모양의 물병이 생산됐다.

고려정병은 금속제와 도자기로 제작됐으며 일부 토기로도 만들어졌다. 바탕에 홈을 판 뒤 이질적 소재로 메워 무늬를 표시하는 상감 기법이 주로 쓰였다. 금속정병은 은입사(금속 표면에 음각선으로 문양을 새기고 은실을 박아 넣는 기법)를 이용해 화려한 무늬를 연출한다. 청자정병은 상감법(자기표면에 무늬를 새기거나 무늬 면을 파내고 성분·색이 다른 흙을 메워 굽는 방식)을 통해 청자 본연의 색과 무늬의 다양한 색을 절묘하게 조화시키고 있다.

국립중앙박물관 소장의 국보 '청동 은입사 물가풍경무늬 정병'은 금속정병 중 가장 탁월한 금속공예기술과 조형미를 자랑한다. 신비한 푸른 색조와 어우러진 문양의 서정성은 타의 추종을 불허한다. 둥근 몸체의 어깨와 굽 위를 꽃무늬로 장식했으며 그 사이에 우거진 갈대와 수양버들이 늘어진 언덕이 있고 주위로 물새들이 헤엄치거나 날아오르는 평화로운 풍경을 묘사했다. 먼 산에는 철새가 줄지어 날고 물가에서 사공이 한가로이 배를 젓고 있다. 형태의 안정감도 높고 곡선의 윤곽도 물 흐르듯 유려하다. 사

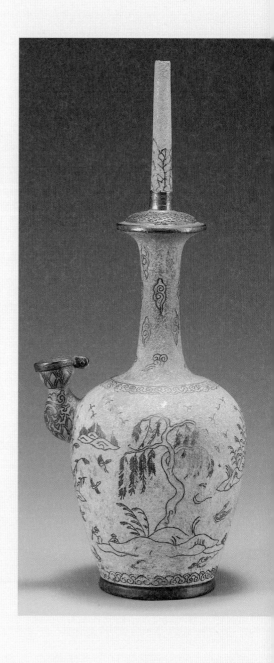

국보 '청동 은입사 물가풍경무늬 정병'

고려시대 12세기. 국립중앙박물관 소장. 신비스런 청동 표면의 녹색과 물가풍경이 어우러진 최고의 걸작 정병이다.

'청자 상감 모란국화무늬 정병'

덕수 452. 고려시대 12세기. 국립중앙박물관 소장.
국보·보물이 아ㅣ다.

실 이 정병의 은은한 녹색 빛은 청
동의 부식된 녹이다. 세월의 흔적
인 녹이 정병을 더욱 아름답게
보이게 하는 것이다.

간송미술관 소장의 국보 '청자
상감 연못원앙무늬 정병'은 청아
한 담록색 유약에 백토 상감만으
로 새겨진 버드나무와 갈대, 연
꽃, 원앙새 한 쌍을 회화적으로 배
치했다. 병목에는 앞뒤 양면에 모
란꽃을 하나씩 상감했다. 물을 따
르는 부리는 팔각으로 기품 있게
빚었다. 맑고 투명한 비취색 유약
을 특징으로 하는 이른 시기의 상
감청자다. 국보 정병은 두 점이 전
부다.

보물은 국립중앙박물관 소장의
'청자 양각 갈대기러기무늬 정병',
국립대구박물관 소장의 김천 갈
항사지 동·서 삼층석탑 출토 사
리장엄구 중 정병, 불교중앙박물
관 소장의 군위 인각사 출토 공

양구 일괄 중 정병 등 3점이
있다.

이들과 함께 국립중앙박
물관에는 '청자 참외모양 정
병'(덕수 5532), '청자 상감 모
란국화무늬 정병'(덕수 452),
'청자 음각 모란넝쿨무늬 정
병'(동원 1221)과 여러 점의 '청
동 은입사 물가풍경무늬 정
병'(덕수 3772, 덕수 851, 동원 1868
등) 등 국보나 보물로 지정되
지 않은 수작 정병들이 다수
소장돼 있다.

종주국인 인도는 물론 중
국을 압도하는 고려 정병의
정제되고 세련된 아름다움은
찬란했던 우리 공예기술 황
금기의 자취를 유감없이 보
여주고 있다.

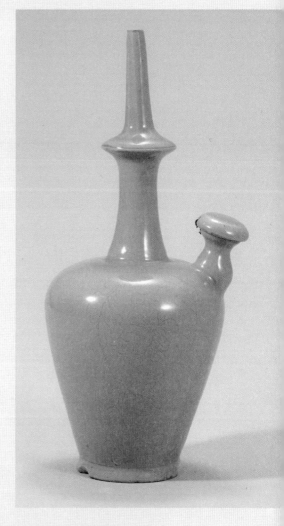

'청자 음각 모란넝쿨무늬 정병'
동원 1221. 고려시대 12세기. 국립중앙발물관 소장.

3부

간절한 염원,
대작으로 거듭나다

거친 파도 헤치는 신선,
불로장생의 욕망을 담다

김홍도 신선도

흰 수염과 도포자락 휘날리며 신통술을 자유자재로 부리는 신선神仙은 도교 신앙에서 불로장생의 구현자로 인식돼 왔다. 신선은 질병에서 자유로운 신체와 지혜를 두루 겸비한 이상적 노인상이었다. 오래 살면서도 건강하고 싶은 인간의 근원적 욕망을 반영하고 있는 것이다.

중국에서는 고대부터 무병장수를 기원하며 다양한 신선을 창조하고 고통이나 질병이 없고 죽지도 않는다는 그들의 삶을 동경했다. 수성壽星 또는 노인성老人星은 수명을 관장하는 신으로 숭배됐다. 노인성은 사마천의 〈사기〉에 처음 등장한다. 〈사기〉는 "남쪽 하늘에 큰 별이 있어 남극노인이라고 한다. 노인(성)이 보이면 나라가 무사하고 보이지 않으면 군사가 일어난다"고 적었다.

수성은 작은 키에 백발이 성성하고 등도 굽었지만 눈매는 형형하다. 한 손에 지팡이, 다른 한 손에는 불로의 선도(仙桃)가 들려져 있다. 수성은 특이하게도 이마가 길게 돌출해 있다. 도교에서는 내공을 수련하면 머리의 정수리 부분이 불룩하게 솟는다고 말한다. 수성은 애주가로도 유명하다. 북송시절 수성이 나타나더니 일곱 말(현재 소주용량 기준 350병)의 술을 마시고 홀연히 사라졌다고 도교전설은 말한다.

장수의 여신도 있다. 중국 고대신화에 의하면, 서왕모(西王母)는 아득한 서쪽 곤륜산의 아름다운 연못 요지(瑤池)에 산다. 요지의 정원에는 2,400그루의 복숭아 나무가 자랐다. 반도(蟠桃)라는 이름의 이 복숭아는 3000년에 한 번 열매를 맺었고 이를 먹으면 누구나 신선이 돼 3000년을 살 수 있다. 서왕모는 매년 자신의 생일에 성대한 생일연을 열었으며 사방의 모든 신선이 이를 축하하기 위해 모여들었다.

도교 신화의 신선은 무수히 많다. 팔선(八仙)은 대중의 사랑을 받아왔다. 신분이 다양했고 득도 후에도 일반 범인처럼 결점이 있는 친근한 이미지였다. 종리권(鍾離權)은 팔선의 수장으로 한나라 사람이며 부채를 들고 있다. 여동빈(呂洞賓)은 당나라 출신으로 검법이 뛰어나 보검을 짊어졌다. 장과로(張果老)는 당나라 도사로 백발에 흰 수염을 지녔다. 당나귀를 거꾸로 타며 박쥐를 대동한다.

한상자(韓湘子)는 당나라 대문장가 한유의 조카로 피리를 분다. 철괴리(鐵拐李)는 시대가 불명확하며 절름발이 걸인으로 쇠지팡이를 짚고 호리병을 소지한다. 하선고(何仙姑)는 유일한 여자 팔선이다. 당나라 사람

김홍도 필 신선도병풍 中 선록도

세로 131.5cm × 가로 57.6cm · 덕수 1008

18세기. 국립중앙박물관 소장. 팔선의 한
명인 한상자가 사슴 옆에서 피리를 불고
있다. 국보나 보물이 아니다.

3부　간절한 염원, 대작으로 거듭나다

김홍도 필 청오자青烏子

세로 131.5cm×가로 57.6cm·덕수 1009

18세기. 국립중앙박물관 소장.

무관의 국보

으로 젊고 아름다우며 손에 연꽃을 쥐고 있다. 남채화藍采和는 당나라 사람으로 청년의 형상이며 꽃바구니를 안고 있다. 술을 좋아하고 노래를 즐긴다. 조국구曹國舅는 송나라 황후의 아우로 관복차림에 옥판을 들고 있다. 팔선은 각기 당나라와 송나라, 원나라 문헌에 나타나다가 명나라 때 팔선으로 정리됐으며 소설, 희곡, 회화, 건축 등 여러 분야의 소재로 애용됐다.

선인은 팔선 외에도 많다. 청오자는 한나라 출신으로 풍수지리에 능통하며 십장생의 하나인 영지버섯을 갖고 다닌다. 황초평黃初平은 진나라 출신 양치기로 지팡이를 소유한다. 자염도사紫髥道士는 붉은 수염의 도사다. 또 장수를 주는 수성과 복을 주는 복성福星, 공명을 주는 녹성祿星을 삼신三神이라고 했다.

이들 신선을 주제로 한 도교·불교의 초자연적 인물상을 표현한 그림을 도석道釋인물화로 분류한다. 신선도는 여러 시대를 거쳐 동아시아에서 즐겨 그려졌다. 신선은 단독으로, 여러 신선들이 함께 모여 있는 군선群仙의 형태로도 화폭에 담겼다. 군선도 중에서는 서왕모의 호화로운 잔치에 가려고 신선들이 무리지어 바다를 건너는 해상군선도가 주목된다. 파도 위의 신선 무리라는 뜻으로 파상波上군선도라고도 부르기도 한다. 신선계의 잔치는 신선의 음식뿐만 아니라 음악과 수많은 아름다운 선녀가 연회장을 채운다. 신선들은 바다 위에서 몰아치는 풍랑도 아랑곳 하지 않고 초대받은 잔치에 늦지 않기 위해 각자의 풍모와 능력을 마음껏 과시한다. 건장한 노인의 이미지를 극대화하려는 목적이다.

국보 김홍도 필 군선도병풍

세로 132.8cm× 가로 575.8cm

1776년. 삼성미술관 리움 소장. 전통적인
신선도에 풍속도 기법을 접목한 한국적
도석인물화의 대표작이다. 사진 문화재청.

신선도는 관념산수화처럼 주로 도식화된 양식이 답습됐지만 조
선후기 호방한 필치와 감정이 살아있는 듯한 인물 묘사, 얼굴의 둥
근 눈매 등 풍속인물화의 특징을 접목한 새로운 경향의 신선도가 등
장하게 된다. 풍속화가로 우리에게 강하게 각인돼 있는 단원 김홍도
(1745~?)가 이런 풍조의 신선도를 개척했다. 김홍도는 사실 도교 신
선이라는 수제를 자신만의 독특한 방식으로 구현한 한국도석화의 대

무관의 국보

표 화가다.

　김홍도 신선도로 삼성미술관 리움 소장 군선도병풍, 간송미술관 소장 과로도기도果老倒騎圖(134.6×56.6㎝)가 걸작으로 꼽힌다. 총 8폭의 군선도병풍은 불로장생을 누리는 신선과 이런 신선을 수행하는 선동(동자)들을 세 무리로 나눠 그렸다. 인물의 윤곽을 굵은 먹선으로 빠르고 활달하게 묘사한 뒤 얼굴과 손, 물건들은 가는 붓으로 섬세하게 처리해 인물의 표정을 정교하면서 생동감 넘치게 살렸다. 군선도병풍은 해상군선도 형식을 취하지만 바다 등 배경은 생략됐다. 오른편 무리에 외

전傳 김홍도 필 파상군선도병풍
폭당 세로 150.3cm × 가로 51.5cm · 덕수 3305

18세기. 국립중앙박물관 소장. 신선들이 서왕모의 생일잔치에 참석하기 위해 파도 치는 바다를 건너는 장면을 묘사한 신선도.

뿔소를 타고 도덕경을 소유한 노자와 복숭아를 든 동방삭東方朔(서왕모의 복숭아를 훔쳐먹고 삼천갑자, 즉 18만 년을 살았다는 인물)이 보인다.

　팔선 장과로를 그린 간송미술관 소장 과로기로도 역시 유려한 필선과 색채가 돋보이는 빼어난 작품이다. 강세황이 그림을 칭찬한 품평이 곁들여져 있다. 두 작품은 각각 국보, 보물로 지정돼 있다.

　김홍도가 남긴 많은 신선도가 국립빅물관 등에 전해진다. 국립중

무관의 국보

앙박물관 소장 신선도병풍은 총 8폭으로 청오자, 황초평, 자염도사, 한상자, 수노인을 한 폭씩 단독으로 그렸고 삼성, 삼신, 팔선 등 여러 신선도 표현했다. 마찬가지로 각 폭에 강세황이 설명을 적었다.

국립중앙박물관 소장 파상군선도병풍은 신선들이 거센 파도를 헤치며 서왕모의 생일잔치에 가는 전형적인 해상군선도이다. 팔선과 온갖 신선, 동자들이 줄지어 섰고 화면의 중앙에 소를 타고 도덕경을 읽는 노자가 배치돼 있다. 병풍 맨 왼쪽 상단에 김홍도의 자인 '사능士能'이라는 글씨가 있다.

김홍도 필 선인야적仙人夜笛

18세기. 국립중앙박물관 소장.

세로 48.5㎝×가로 94㎝ · 동원 3317

　　국립중앙박물관 소장 선동취적도仙童吹笛圖(106.7×51.5㎝·덕수 4454)는
피리 부는 팔선 한상자를 그렸다. 선인취생도仙人吹笙圖(105.7×52.7㎝·덕수
928)는 신선이 생황을 부는 모습이다. 삼선도(139×57.5㎝·본관 3775), 삼
성도(130.3×55.㎝·덕수 2422)도 전해진다. 한 폭 짜리인 이들 그림은 병풍
의 일부로 추정된다.
　　다채로운 형태의 신신도도 남아 있다. 국립중앙박물관 소장 선인

무관의 국보

김홍도 필 군선도

세로 48.2cm × 가로 26.9cm · 본관 6504-27

야적은 바위에 앉아 피리를 부는 한상자를 담았으며 산수화 구도의
신선도다. 군선도는 풍속화의 분위기를 풍긴다. 김홍도의 신선도는
김득신, 이명기 등으로 계승되면서 조선후기 신선도에 지대한 영향
을 미치게 된다. 삼성미술관 리움과 간송미술관 소장 신선도 외에는
국보나 보물로 지정돼 있지 않다.

　스승 강세황이 쓴 〈단원기檀園記〉는 김홍도를 가리켜 "얼굴이 청수淸秀

하고 정신이 깨끗하여 보는 사람들은 모두 고상하고 세속을 초월하여 아무 데서나 볼 수 있는 평범한 사람이 아님을 다 알 수 있다. 아름다운 풍채에 도량이 크고 넓어 작은 일에 구애되지 않았으므로 사람들이 그를 가리켜 신선과 같다고 하였다"고 썼다. 김홍도는 그 스스로 신선이 되고자 했던 것이다.

무관의 국보

금지옥엽 왕세자의
무병장수를 빌다

정묘조 왕세자책례계병

"용안龍顔은 불그레하고 몸은 풍만하고 장대하였으니…"

실록의 '순조 묘지문'에 묘사된 조선 제23대 순조(1790~1834·재위 1800~1834)의 외모다. 순조의 체격이 컸던 것은 할아버지 사도세자 (1735~1762)의 영향으로 이해된다. 〈승정원일기〉, 〈한중록〉 등 당대의 각종 기록에 의하면, 사도세자 역시 뚱뚱했고 몸집이 장대했다. 사도 세자는 뿐만 아니라 무인 기질이 강했고 쇠몽둥이를 자유자재로 사용할 만큼 무예실력도 뛰어났다고 문헌은 전한다. 그러한 유전자를 손자인 순조가 그대로 물려받았던 것이다. 몸이 비대하다 보니 얼굴 빛도 붉을 수밖에 없다.

순조는 얼굴 형상도 특이했다. '순조 묘지문'은 "이마가 넓고 코가 높았으며 네모난 입과 겹턱을 가졌다"고 설명한다. 화재로 일부만 남은 순조어진(국립고궁박물관 소장)의 입 모양도 묘지문의 언급처럼 입이 네모나다.

순조는 11세에 즉위해 34년간 통치했지만 우리에게 존재감이 거의 없는 왕으로 기억된다. 그의 치세에 천주교 탄압과 이 과정에서 정조 때 지배세력인 시파의 숙청, 안동 김씨 세도정치 확립 등으로 정치기강이 문란해졌다. 또한 연이은 천재지변과 홍경래의 난 등 각종 민란과 모반사건으로 사회가 극도로 혼란스러웠다.

그러나 뜻밖에도 순조는 자질이 뛰어났다. 실록에 따르면, 순조는 어려서부터 영특했다. 순조가 두 살 때 연말에 정조(재위 1776~1800·1752~1800)는 아들이 건강하게 한 살 더 먹는 것에 안도하며 새해 달력을 하사했다. 정조의 품에 안겨 있던 순조는 달력의 글자를 보다가 병풍의 같은 글자를 지목해 모두를 놀라게 했다.

순조는 학문에도 전념해 "고대 전적을 즐겨 탐독하여 열람하지 않은 책이 없었으며 눈으로 보면 즉시 기억했다. 시문을 짓는 것도 모두 오묘한 경지에 이르렀다"고 실록은 적고 있다. 생활도 검소했다. 비단 옷을 입지 않았으며 음식은 고기 대신 곡류와 채소를 즐겼다.

순조는 정조에게 무척 귀한 아들이었다. 정조가 31세 때 장자 문효세자(1782~1786)가 출생하지만 홍역으로 5세에 짧은 생을 마감한다. 정조의 나이 39세에 어렵게 얻은 둘째 아들이 바로 순조였다. 순조가 태어나자 오색 무지개가 하늘로 뻗혔고 신비로운 광채가 궁궐을 에워쌌다고 실록은 기술한다. 정조는 "이 아이의 복은 내가 따를 수 없

정묘조 왕세자책례계병 正廟朝王世子冊禮契屏
폭당 세로 145cm × 가로 54cm · 신수 14143

국립중앙박물관 소장. 1800년 음력 2월 2일 순조의 왕세자 책봉을 기념해 왕실에서 제작한 요지연도 병풍이다. 전체 8폭이 온전하며 보관상태가 좋다. 요지연도의 왼쪽은 잔치에 참여하기 위해 몰려드는 각종 신선들의 모습이, 오른쪽은 서왕모의 생일잔치 장면이 담겼다. 국보·보물이 아니다.

다"며 기쁨을 감추지 못했다.

순조는 11세 되던 1800년(정조 24) 왕세자에 책봉된다. 정조는 아들을 왕세자로 삼으면서 이를 기념해 특별한 병풍을 만들도록 지시한다. 바로 〈정묘조 왕세자책례계병〉이다. 정묘는 정조를, 책례는 책봉의식, 계병은 병풍을 말한다.

병풍은 전체 8폭으로 병풍의 제작배경을 설명하는 서문 1폭, 그림 6폭, 병풍제작에 참여한 19명이 적힌 좌목座目 1폭 순으로 구성돼 있다. 그런데 병풍의 가장 중요한 부분인 그림은 뜻밖에도 요지연도瑤池

무관의 국보

宴圖다. 요지연도는 중국의 아득한 서쪽 곤륜산의 아름다운 연못인 요
지에서 서왕모西王母(도교신화에서 불사약을 지닌 생명의 여신)가 생일을 맞아
신선들을 초대해 벌이는 잔치를 묘사한 그림이다.

현재 전하는 요지연도는 1800년 '정묘조 왕세자책례계병' 2좌(국
립중앙박물관 소장본·신수 14143, 서울역사박물관 소장본·서 2139)와 1809년(순조
9) 효명세자의 탄생을 축하하는 '순묘조 왕세자탄강계병' 1좌(개인소
장) 등 제작시기를 알 수 있는 작품이 3좌 전한다. 이 가운데 가장 기
준작으로 평가될 수 있는 작품은 국립중앙박물관 소장의 '정묘조 왕
세자책례계병'이다. 이 병풍은 각 폭의 형상이 거의 온전하고 서문의
글씨도 매우 선명하며 좌목을 통해 누가 병풍 제작에 참여했는지 파
악할 수 있어 중요한 자료로 평가된다.

**국립중앙박물관 소장 요지연도 中
학과 춤추는 선녀**

폭당 세로 148.8cm × 가로 61.2cm · 덕수 3290

18세기 후반. 생명의 여신인 서왕모의 생일잔치를
묘사한 요지연도는 조선후기 궁중에서 경사스런 일이
있을 때마다 장수와 무병을 기원하는 길상화로
많이 그려졌다. 각종 인물과 영모, 산수 묘사가 매우
화려하며 세밀하다.

    국립중앙박물관 소장 정묘조 왕세자책례계병 제1폭의 서문은 우
의정 이시수(1745~1821)가 썼다. 이시수는 "1800년 음력 2월 2일 창경
궁 집복헌에서 왕세자 책봉례를 거행했다"고 밝히면서 "왕세자 저하
께서 옥인과 죽책을 영광스럽게 받았으며 용모는 엄숙하고 예의가
발라 동작 하나 하나가 모두 법도에 맞았다"고 적었다. 이시수는 그

러면서 "훗날 종묘사직이 태산반석 위에서 억만년 동안 굳건해진 원인과 신하들이 천년에 한 번 맞았던 성대한 예식을 알고자 한다면 이 계병도를 보면 될 것"이라며 병풍을 만든 취지를 설명했다.

제8폭의 좌목에는 가선대부 이격, 절충장군 이동선·이신경 등 무관 19명의 품계와 이름이 나열돼 있다. 이들은 모두 국왕의 명령을 전달하는 임무를 맡았던 선전관으로 품계는 종2품에서부터 정9품까지 다양하다.

요지연도는 크게 2개의 장면으로 나뉜다. 제2폭에서 제4폭까지는 청록의 절벽과 바위로 둘러싸인 서왕모의 거처 요지에서 화려하고 성대한 연회가 벌어지고 있는 모습을 담았다. 3천년에 한 번 열리는 잔치에는 불사의 복숭아와 석류 등 신기한 음식이 차려진 상이 놓여 있고 좌우에는 시중을 드는 인물들이 즐비하다.

제5폭에서 제9폭까지는 온갖 종류의 도석道釋인물상이 그려져 있다. 육지와 바다, 공중으로 연회에 참석하기 위해 요지로 모여드는 노자, 수성노인, 팔선八仙, 이백 등 신선들과 석가여래·문수보살·보현보살·사천왕 등 불보살을 나타냈다. 천태만상의 세상을 뜻하는 요지경瑤池鏡이 이 화려한 요지연회에서 유래됐다. 요지연에 참석하기 위해 무리지어 가는 신선들만 따로 떼어내어 그린 그림의 종류를 군선도群仙圖라고 한다.

그림은 왕세자가 책봉되는 상서로운 날을 서왕모 생일잔치에 비유한다. 요지연은 초대된 수많은 신선들이 서왕모의 불로장생을 축하하듯 책봉식을 맞은 왕세자의 장수와 국가의 태평성대를 축원하는

**정묘조 왕세자책례계병 中
생일잔치 모습**

1800년. 생일잔치를 벌이고 있는 서왕모와
맞은 편에 그의 연인이라는 주나라 목왕이
그려져 있다.

무관의 국보

의미를 담았다.

　현존하는 요지연도는 위의 세 점을 포함해 모두 30여 점에 이른다.
국립중앙박물관에 여러 점이 있고 국립고궁박물관, 경기도박물관,
아모레퍼시픽박물관, 이화여자대학박물관 등 국내와 미국 피바디엑
세스미술관 등 해외에 소장돼 있다.

　요지연도는 조선후기 왕실을 중심으로 크게 유행했다. 왕세자 책
봉이나 왕세자 탄생을 기념해 요지연도가 그려졌고 왕의 침전에도
요지연도 병풍을 배치했다. 1802년(순조 2) 선공감봉사繕工監奉事로서 창
덕궁 대조전 보수업무를 맡았던 이이순(1754~1832)이 쓴〈대조전 수리
시 기사大造展修理時記事〉에 의하면, 대조전 용상 뒤에 요지연도 병풍이 세
워졌고 왕의 침실에는 매화도 병풍 등 궁중 장식으로 치장됐다. 또한
한국학중앙연구원 장서각 소장〈동궁병풍고 발기東宮屏風庫發記〉에 따르
면, 1847년(헌종 13) 헌종(1827~1849)과 경빈 김씨(1832~1907)의 가례에
사용된 병풍은 요지연도, 곽분양행락도, 화초영모도 각 1좌였다.

　이처럼 조선왕실에서 요지연도는 십장생도, 화초영모도, 곽분양
행락도(당나라 곽분양의 생일잔치를 그린 그림으로 부귀공명과 다복을 상징)와 함께
무병과 장수, 부부의 화목과 평안, 다자손을 바라는 뜻에서 궁중의
길상화이자 장식화로 빈번하게 그려졌던 것이다.

　요지연도는 양식적으로 3가지 유형으로 분류한다. 17~18세기 중
국 문물이 적극 수용되면서 중국의 서적과 화보가 대거 흘러들어온
다. 첫 번째 요지연도의 유형은 17세기 중국 도상의 유입기부터 1800
년 이전까지 궁중에서 제작된 작품이다. 이 시기는 불교적 도상이나

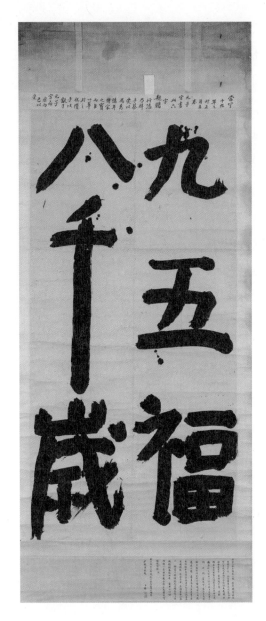

조선 제23대 순조가
6살이던 1795년(정조 19) 쓴
팔천세구오복八千歲九五福 어필

세로 158㎝×가로 77.5㎝·
국립중앙박물관 소장·본관 6904

"모든 복을 누리며 오래 산다"는 뜻이다. 글씨
윗부분에 윤행임(1762-1801)이 적은 "숙직 중인
나에게 원자가 이 글을 써서 주니 영원한 보배
로 삼겠다"는 내용의 소감이 있다. 윤행임은
안동 김씨를 견제하다가 정조 사후 모함을 받
아 참형에 처해졌다. 순조는 34년을 재위했
지만 존재감이 느껴지지 않는 왕이다. 하지만 기
록은 그가 영특했고 학문에 전념했다고 밝힌
다. 국보 또는 보물이 아니다.

잔치 장면에 탁자가 그려져 있지 않은 것을 특징으로 한다. 국립중앙
박물관 소장의 또 다른 요지연도(덕수 3290)가 여기에 해당한다.

　두 번째 유형도 궁중에서 그려졌고 1800년 〈정묘조 왕세자책례계
병〉처럼 계병 형식을 하고 있으며 불교적 도상 등 다양한 그림이 시
도된다. 마지막은 19세기 후반에서 20세기 초반에 그려진 민화풍의
그림들이다. 궁중회화적 특성을 지닌 요지연도가 민간에 확산되면서
형식화하는 모습을 엿볼 수 있는 유형이다.

　경사스러운 왕세자 책봉식이 있은 지 불과 4개월 뒤 정조는 몸에
난 종기로 병세가 악화돼 음력 6월 28일 창경궁 영춘헌에서 덧없이
세상을 떠난다. 실록은 "양주와 파주에서 잘 자라던 벼가 하얗게 변
해서 죽고 삼각산이 울었다"고 기록했다.

　조선후기 왕실 미술의 수준을 엿볼 수 있는 요지연도 중에서 국보
나 보물로 지정된 작품은 아직 없다.

전국 명산 제일봉에 깃든
비로자나

석조비로자나불좌상

　우리나라 산에는 유독 불교식 용어가 붙은 지명이 흔하다. 금강산 제일봉을 비롯해 묘향산, 오대산, 치악산, 소백산, 속리산 등 명산의 주봉은 예외 없이 비로봉毘盧峰이다. 이를 포함해 전국적으로 비로봉을 쓰는 산은 셀 수 없이 많다. 가장 높은 봉우리를 뜻하는 비로봉은 〈화엄경華嚴經〉의 '비로자나毘盧遮那불'에서 유래한다.

　불교에서는 누구나 성불하면 부처가 될 수 있다. 불교 경전과 문헌은 다수의 초월적 성격의 부처를 언급하며 대승불교에서는 과거, 현재, 미래의 무수한 부처가 등장한다. 심지어 〈화엄경〉은 온법계에 부처가 가득하다고 말한다.

　그 중 중요한 세 부처가 있는데 석가모니불, 비로자나불, 아미타불이다. 석가모니불은 불교창시자인 석가모니를 신격화했다. 석가세존, 석존, 여래如來(진리의 실현자)로도 지칭되는 석가모니불은 현실의 사바세계를 주관한다. 비로자나불은 불교의 이상향인 연화장蓮華藏 세계의 교주로서 대광명을 발해 진리의 세계를 통솔한다. 아미타불은 서방 극락세계를 다스리며 중생들에게 무한한 수명과 극락왕생의 길을 제시한다.

세 부처를 봉안하는 건물은 각기 다르다. 우리는 사찰에서 대웅전大雄殿, 대웅보전大雄寶殿, 대적광전大寂光殿, 대광명전大光明殿, 비로전毘盧殿, 화엄전華嚴殿, 무량수전無量壽殿, 극락전極樂殿, 아미타전阿彌陀殿 등 다양한 명칭의 건물을 본다.

대웅전과 대웅보전은 석가모니불을, 대적광전, 대광명전, 비로전, 화엄전은 비로자나불을, 무량수전, 극락전, 아미타전은 아미타불을 각각 모시는 건물이다.

삼신불三身佛론에 의하면, 우주의 진리(부처님의 가르침)를 인격화한 법신불法身佛이 비로자나불, 오랜 과거 동안 쌓은 공덕으로 탄생한 보신불報身佛이 아미타불, 중생의 몸으로 출현해 세상을 구원하는 화신불化身佛이 석가모니불로 설명되기도 한다. 삼신불의 근본불이 비로자나불이라는 것이다.

부처는 깨달음을 얻었을 때 삼매(수행의 이상적 경지) 속에서 연꽃 속의 웅장한 우주 모습을 보았다고 한다. 불교의 화엄사상은 이것이 연화장의 세계로 온갖 꽃(부처의 공덕)으로 장엄한 연화장이 화엄이라고 가르친다. 화엄사상은 연화장처럼 삼라만상이 서로 대립하는 듯 보이지만 결국 융합해 조화를 이루게 되는 것이라고 강조한다.

화엄종이 주존으로 모시는 부처가 바로 비로자나불이다. 비로자나불은 태양이 어두운 곳을 환히 비추듯 보통 사람의 육안으로 볼 수 없는 세계를 두루 밝혀 '광명의 부처', '진리의 부처'라고도 한다. 진리를 빛에 비견한 것이다.

비로자나는 태양이라는 뜻의 범어 바이로차나Vairocana를 음역했다. 5세기 초 한역된 〈화엄경〉은 노사나불로 지칭됐다가 7세기 말 한역된 〈화엄경〉, 〈범망경梵網經〉, 〈법화경法華經〉에서 비로자나불로 통일됐다.

비로자나불은 비밀불교秘密佛教 또는 밀교密教의 부처이기도 하다. 밀교는 인도의 힌두교에서 기원하며 주술과 신비주의를 지향한다. 부처의 가르침을 진언眞言(범어주문), 다라니陀羅尼(재앙과 악업을 소멸시키는 신비한 불교주문), 만다라曼茶羅(우주의 진리를 표현한 불화) 등으로 표시한다. 밀교는 토착신앙을 적극 포용해 영험 있는 종교로 인식되면서 빠르게 확산됐다. 밀교는 비로자나불을 대일여래大日如來로 부른다. 밀교경전으로 대일여래가 체험한 성불의 경지를 기술한 〈대일여래경〉이 있다.

비로자나불은 구분이 쉽다. 다리는 가부좌를 취하고 수인手印(손모양)은 지권인智拳印을 하고 있다. 지권인은 두 손을 가슴까지 들어 왼손 검지를 오른 손이 감싸는 형태이다. 오른 손은 부처의 세계, 왼손은 중생계를 의미한다.

우리나라에서 이러한 비로자나불은 화엄종의 영향으로 8세기 중반 출현했지만 신라 하대 크게 유행했다. 〈삼국사기〉는 37대 선덕왕(재위 780~785년)부터 56대 경순왕(재위 927~935년)까지를 신라하대로 분

**국립중앙박물관
석조비로자나불좌상
지권인 수인(손모양)**

지권인(智拳印)은 비로자나불의 주요 특징
의 하나로 왼손 검지를 오른 손이 감싸는
형태이다. 오른 손은 부처의 세계, 왼손은
중생계를 의미한다.

류했다. 이 시기는 귀족들 사이의 잦은 왕위 다툼과 반란 사건으로
사회적 불안이 만연했다. 중앙의 절대 왕권이 쇠퇴하면서 자체적으
로 사병을 보유한 지방 토착 호족세력이 부상한다. 종교적으로도 귀
족, 경전 중심의 불교에 대격변이 일어난다. 구법승들이 귀국하면서
당나라에서 성행하던 선종(禪宗)이 본격 도입되는데 "수행을 통해 교화
하면 누구든 부처가 될 수 있다"는 선종의 교리는 급성장하던 지방

무관의 국보

**국보 경남 산청 석남암사지
석조비로자나불좌상**

산청 덕산사 소장. 불상 받침대에서 "766
년(혜공왕 2) 봉안됐다"는 기록이 나왔다.
우리나라 최초의 지권인 비로자나불이며
세계 최초의 기년명 비로자나불로 유명
하다.

호족들을 자극했다. 9세기 중반에서 10세기 초반에 이르는 기간에
호족들이 불교의 주요 후원세력으로 등장하면서 불교의 탈중앙화가
급속도로 전개됐으며 동시에 사상적으로 유사한 화엄종과 선종, 밀
교 등 불교의 융합화 경향도 두드러졌다.

　불교의 지방화 과정에서 쇠를 재료로 쓴 철조불 등 다양한 형식의
불상이 나타났고 또한 선종의 유행과 불교융합 등에 의해 비로자나

불이 집중 조성됐다. 이 시기의 불상은 사실적이고 입체적인 전 시대의 도상과는 달리 양감의 표현이 제한되며 옷 주름이 형식화, 도식화하고 대좌 및 광배에 더 많은 장엄이 이뤄진다.

국보 경남 산청 석남사 석조비로자나불좌상은 우리나라 최초의 지권인 비로자나불인 동시에 세계 최초의 기년명 비로자나불이다. 불상의 대좌에서 발견된 사리호 명문에 "766년(혜공왕 2) 봉안됐다"고 기록돼 있어 편년자료가 거의 전무한 고대 조각사 연구에 절대적인 불상으로 평가된다. 이를 통해 신라 화엄종에서 이미 8세기부터 지권인 비로자나불을 조성했음을 알 수 있다.

이어, 8세기 말 국보 경주 불국사 금동비로자나불좌상을 거쳐 9세기 중반 이후 비로자나불상이 본격적으로 제작되기 시작해 10세기 초까지 조각된 비로자나불은 40여구 이상이 현재까지 전해진다. 이 가운데 국가문화재를 살펴보면, 철조불과 목조불로 국보 장흥 보림사 철조비로자나불좌상(858년 조성), 국보 철원 도피안사 철조비로자나불좌상(865), 국보 합천 해인사 법보전 목조비로자나불좌상, 국보 합천 해인사 대적광전 목조비로자나불좌상(883) 등이 있다.

나머지는 석조불이며 석불 중에서는 보물 대구 동화사 비로암 석조비로자나불좌상이 유일하게 정확한 조성연도가 파악된다. 동화사 불상은 피살된 44대 민애왕(재위 838~839)의 명복을 빌기 위해 863년 대구 동화사 비로암 삼층석탑(보물)을 세우면서 함께 봉안됐던 것으로 파악한다.

국립중앙박물관에 또다른 수작 석조비로자나불좌상이 한 점 보관

**보물 대구 동화사 비로암
석조비로자나불좌상**

높이 129㎝·덕수 2746

비로암 소장. 863년 제작됐으며 전체적
으로 국립중앙박물관 석조비로자나불좌
상과 유사한 모습을 하고 있다.

돼 있다. 국립중앙박물관 석조비로자나불좌상으로 부른다. 통일신라
하대의 전형적인 석조불좌상으로 보존상태가 양호하며 대좌와 광배를
온전히 갖추고 있지만 국보나 보물로 지정돼 있지는 않다.

좌상은 불상 116.3㎝를 포함해 전체 높이가 278.8㎝이다. 정확한
출토지는 모르지만 예천 청룡사, 울산 간월사지, 창원 불곡사 석조불
좌상과 얼굴, 머리는 물론 대좌, 광배 형식까지 흡사해 경상도 지역
의 불상일 것으로 추정한다. 얼굴은 단정하면서 둥글고 풍만하다. 머

국립중앙박물관 소장 석조비로자나불좌상
전체 높이 278.8㎝·불상 높이 116.3㎝·덕수 2746

9세기 후반~10세기 전반. 보존
상태가 우수하지만 연도나 출토
지를 알지 못한다. 통일신라 하
대의 전형적인 석조불좌상으로
국보나 보물로 지정돼 있지 않다.

리의 육계(상투처럼 튀어나온 부처의 정수리)가 낮으며 눈 · 코 · 입이 작다. 광배에는 연꽃, 보상화寶相華(가상의 길상화), 불꽃이 새겨져 있다.

착의법은 대의大衣가 양쪽 어깨를 모두 덮고 있는 통견通肩이며 두 다리 사이에 부채꼴 형태로 펼쳐진 옷 주름이 표현돼 있다. 대좌는 신라 하대의 사각이 아닌 통일신라의 주류였던 팔각 형식이다. 대좌 받침은 팔각의 각 면에 사자와 안상眼象이 새겨져 있다. 안상은 코끼리 두상처럼 보인다고 해서 붙여졌으며 박쥐, 연꽃으로도 해석된다. 아래로 향한 연꽃대좌로 된 하대석, 여덟 명의 공양인상이 새겨진 중대석, 위로 솟은 겹꽃잎으로 된 상대석이 따로 제작돼 올려졌다. 중대석의 공양자상은 합장을 하거나 공양물을 받드는 자세를 하고 있다.

한국 불교의 근간이 비로자나불을 근본불로 숭배하는 화엄종인데다 주요 사찰들이 주로 이름 있는 산 속에 자리하다 보니 봉우리 마다 비로라는 호칭을 붙였던 것이다.

왕릉 옆 고추밭 파니
나체인형이 '우르르'

신라 토우

1926년 5월 경주역에서는 협궤철로였던 경동선(대구~경주~울산~
부산)을 광궤로 확장하는 공사가 한창 벌어졌다. 공사업체인 경동철도
주식회사는 저지대 땅을 돋우기 위한 토사를 찾고 있었다. 마침 모로
가 히데오諸鹿央雄 초대 경주박물관장은 금관총 발굴비가 필요했고 경
동철도측에 황남동 대릉원 황남대총과 93호분 사이 고추밭으로 쓰이
던 둔덕의 채굴을 허가했다.

작업은 경주역에서 대릉원까지 1㎞ 남짓한 거리에 임시 레일을 깔
고 흙을 운반하는 대공사로 진행됐다.

그런데 토층 상부에 말뚝을 박아 흙더미를 무너뜨리자 헤아릴 수
없이 많은 돌덧널(돌로 짠 외관)들이 드러났고 그 속에서 토기편들이 마

1926년 경주 황남동 고분 발굴 현장

토사를 채굴하기 위해 흙더미를 무너뜨리자 헤아릴 수 없는 토기편과 토우들이 쏟아져 나왔다. 사진 국립중앙박물관

구 쏟아져 나왔다. 부장품은 주로 단경호短頸壺(배가 나온 항아리)나 고배高杯(다리가 붙은 접시)였지만 출토 토기에는 예외 없이 다양한 모습의 토우土偶들이 붙어 있었다. 신고를 접수한 조선총독부 박물관이 직원들을 현장에 급파했다. 정식 발굴조사에서도 다량의 토기가 수습되자 흙 채굴은 중단된다.

대신 모로가는 서북쪽 노서동의 서봉총 봉분을 업체에 팔아먹었다. 봉분 채취에 앞서 진행된 서봉총 조사에서는 세 마리의 봉황이 장식된 금관(보물)과 여성용 귀고리와 허리띠 장식 등 여성 장신구가 출토됐다. 황남동 고분과 서봉총 발굴을 주도한 사람은 고이즈미 아

무관의 국보

**황남동 고분 발굴을 주도한
조선총독부 박물관 촉탁직원
고이즈미 아키오**小泉顯夫

고이즈미는 1939년 평양박물관장으로 부임해
질펀한 술판을 벌이면서 서봉총 금관을 기생
에게 씌운 뒤 사진까지 찍어 파문을 일으켰다.
사진 국립중앙박물관.

키오라는 인물이었다. 그는 1939년 평양박물관장으로 부임해 요란
한 술판을 벌이면서 기생에게 금관과 금목걸이, 허리띠 등 서봉총 출
토품을 두르게 한 뒤 기념사진까지 찍어 큰 파문을 일으킨다.

토우는 흙을 재료로 만든 인형을 말한다. 토우는 사람의 형상 뿐만
아니라, 동물, 집, 수레, 배, 신 등 생활용구의 모습을 본떠 제작한다.
사람이나 동물 등의 특징을 잡아내 간단하게 빚어내는 게 특징이다.

토우는 주술적 목적에 따라 신에 받치는 제물의 대용으로, 또는
숭배의 대상으로 만들어졌다. 그러나 대개는 장례의식을 위해 만들

어졌다. 죽은 이를 사후세계에 인도하거나 죽은 이가 봉사자, 양식, 용품으로 사용토록 무덤에 부장했던 것이다.

토우의 확산은 야철기술의 발달과 무관치 않다. 3세기 후반 4세기 초반, 신라와 가야 등 한반도 남부에서는 불의 온도를 1000도 이상 끌어 올릴 수 있는 가마가 등장하면서 다양한 형태의 토기가 널리 제작된다. 토기는 대구에서 함안에 이르는 낙동강 유역이나 옛 가야 지역에서 발생해 경주지방으로 전파됐다. 물건의 형상을 본뜬 상형토기 중에서 세련된 솜씨의 수작들이 여러 점 전한다.

토우는 크게 이러한 상형토기와 토용, 장식토우로 분류된다. 상형토기는 다시 인물형 토기, 동물형 토기, 기물형 토기로 구분된다. 내부가 비어 있어 액체를 담았을 것으로 짐작된다. 인물형 토기는 경주 금령총에서 출토된 국보 '기마 인물형 토기'가 대표적이다. 주인과 종으로 보이는 두 인물이 각각 말을 타고 있다. 말은 중국에서 제물로 바쳐졌고 죽은 이를 사후세계로 실어 나르는 동물로도 인식됐다. 말 엉덩이에는 잔이 놓여 있다. 가야지역인 김해 덕산리에서 출토된 것으로 알려진 국보 '기마 인물형 뿔잔'은 말을 탄 무사 뒤에 쌍뿔 잔이 세워졌다.

동물형 토기는 새나 오리가 대부분이며 주로 달성, 창녕 등 낙동강 일원에서 발견되고 있다. 새 역시 사람이 죽으면 그 영혼을 사후세계로 안내하는 인도자 역할을 한다고 믿어졌으며 죽은 이를 위한 식량으로도 무덤에 넣어졌다. 동아대박물관 소장의 부산 복천동 출토 보물 '말머리 모양 뿔잔', 국립경주박물관 소장의 가야시대 '멧돼

지 모양 뿔잔'은 소박하면
서도 탁월한 조형미가 돋보
이며 국립중앙박물관 소장
의 가야시대 '사슴 장식 항
아리'도 이에 못지않게 뛰
어나다.

기물형 토기 중에서는 집
모양이 다수지만 수레, 배,
짚신, 그릇모양도 보인다.
가야문화권의 집모양 토기
는 중국 남부나 동남아시아
에 분포하는 네 다리가 있

사슴 장식 항아리
높이 16.1cm·덕수 2440

가야. 국립중앙박물관 소장.
국보·보물로 지정돼 있지 않다.

는 고상高床건축 형태가 자주 눈에 띄어 당시 가야지역 주거양식이 유
추된다. 집모양의 토기는 죽어서도 풍요로운 삶을 누리고자 하는 염
원이 깃들어 있다.

수레나 배는 중요한 수송수단으로 역시 피장자를 사후세계로 태
워 보내려는 목적이다. 수레바퀴 모양은 받침대 위에 2개의 수레바퀴
가 있고 그 사이에 뿔잔·항아리를 뒀다. 국립진주박물관 소장의 가
야시대 '수레모양 뿔잔'은 보물로 지정돼 있다. 국립중앙박물관 소장
의 경남 출토 '수레모양 토기'(신수 809)도 구조는 유사하다. 금령총 출
토 '배모양 토기'(본관 9706)는 그릇 받침 위에 배가 얹혀져 있다. 선체
안의 한쪽에는 성기를 과장한 남자가 노를 젓고 있다. 당대 배 구조

**경남 출토
수레모양 토기**
높이 16.2cm · 신수 809

가야. 국립중앙박물관 소장.
국보·보물이 아니다.

를 파악할 수도 있다.

토용土俑은 세밀하게 제작된 흙인형으로 물감을 칠하기도 했다. 노동력 활용 등을 위해 순장제가 폐지되면서 이를 대신해 토용을 제작해 장사 지냈다. 1986년 통일신라 진골귀족 무덤으로 추정되는 경주 용강동 고분에서는 청동제 십이지 신상과 함께 채색 토용(국립 경주박물관 소장)이 발굴돼 모두를 놀라게 했다. 토용은 15명의 남자상과 13명의 여자상으로, 남자는 시립한 문관상, 태견자세의 병사 등이, 여성은 숄을 어깨에 걸친 높은 지위의 부인 등이 있다. 온화한 얼굴에 단아한 자태, 섬세한 옷자락의 표현 등으로 당시의 인물 모습이나 복식연구에 귀중한 자료로 평가된다.

황남동 고분에서 마구 쏟아져 나온 토우들은 장식용 토우다. 현재 따로 떨어져 보관되고 있지만 애초 항아리와 접시 등의 어깨, 목, 뚜껑에 붙어 있었다. 조선총독부 촉탁자격으로 황남동 고분을 조사했던 고이즈미 아키오도 "발굴하면서 토우들을 토기에서 뜯어냈다"고 증언한 바 있다.

이들 토우는 10㎝를 넘지 않고 또한 표현도 간결하지만 신체와 얼굴의 특징을 포착해 인간의 감정을 잘 나타내고 있다. 바닥에 드러누운 채 다리를 벌리고 있는 여인은 출산의 고통이 극심한듯 눈을 크게 뜨고 입을 벌리고 있다. 탄생과 죽음은 일맥상통한다. 죽은 이의 얼굴은 작은 천조각으로 가려져 있고 그 곁에 어머니로 보이는 여인이 고개를 숙인

다양한 토우가 장식된 계림로 출토 국보 '토우 장식 장경호'
높이 34㎝ 신라. 국립경주물관 소장.

채 비탄에 잠겨 있다. 여성 토우들은 가슴과 성기가 과장돼 있다. 여인의 풍만한 모습은 풍요와 다산을 상징한다. 성행위는 낯 뜨거울 만큼 노골적이다. 남녀가 전신을 밀착시켜 누워 있다.

신라의 가무, 주악은 〈삼국사기〉에 기술된 가배嘉俳(궁중놀이)와 팔관회八關會(호국적 종교행사)에 부분적으로 언급되지만 구체적 자료는 남아 있지 않다. 토우는 신라인의 춤추고 악기를 연주하는 장면도 놓치지 않는다. 팔뚝만한 피리를 불고 있는 토우는 신라에서 피리가 널리 불려졌음을 추측케 한다. 국립경주박물관 소장의 계림로 출토 국보 토

황남동 출토 '성행위 묘사 토우'
신라. 국립중앙박물관 소장.

우장식 긴목항아리 목부분의 임신한 여인이 연주하는 가야금은 양이
두羊耳頭(가야금 끝에 줄을 잡아매는 곳)가 뚜렷해 우륵의 가얏고 원형을 제시
한다.

고대사회에서 수렵은 생존과 직결됐다. 사냥을 끝낸 사냥꾼이 말
등에 네 발을 꽁꽁 묶은 멧돼지를 싣고 간다. 사냥꾼과 시종으로 보
이는 인물이 반대편의 멧돼지 어미와 새끼를 향해 활시위를 당기는
모습에서 신라인이 사냥하는 형상이 구체적으로 연상된다.

신라인의 옷차림은 어땠을까. 남자는 머리에 상투를 틀었으며 상
의는 긴 저고리에 허리띠를 두르고 하의는 주름지고 통이 좁은 바지
를 입었다. 용강동 토용은 중국의 영향으로 소매나 바지통이 넓은 저

황남동 출토 '출산중인 토우'
신라. 국립중앙박물관 소장.

고리와 바지차림이다. 일반 백성은 몸에 붙는 옷을, 귀족층은 헐렁한
옷을 입었던 것이다. 동물도 다수 등장한다. 먹이를 물고 있는 개, 나
무 위에 올라앉은 원숭이, 말, 소, 사슴, 호랑이, 용, 멧돼지, 물고기,
거북, 게, 뱀, 개구리, 도마뱀뿐만 아니라 개미핥기, 수달, 물개, 불가
사리 등 종류도 다양하다.

　고대의 실상을 알려주는 역사 문헌은 극도로 부족하다. 이런 실정
에서 다채로운 표정과 일상을 고스란히 담은 토우는 고대인들의 삶
과 정신세계를 이해할 수 있는 소중한 자료인 것이다.

100년 만에 제짝 찾은
고려 삼존불

/

금동아미타삼존불

불상에는 대개 금색을 입힌다. 금이 귀하다 보니 나무, 흙, 철, 동 등 저렴한 재료로 불상의 형태를 만든 뒤 옻칠과 도금을 해서 완성한다. 불상에 장엄해 보이는 효과를 내기 위해 금박을 입히는 것으로 인식하지만 실은 불교의 교리에 따른 것이다.

〈중아함경中阿含經〉과 〈방광대장엄경方廣大莊嚴經〉 등의 불경에서는 존귀한 존재인 부처가 갖는 신체적 특징으로 32가지 길상吉相을 나열한다. 주요 길상을 들자면, 양미간에 1장 5척의 털이 나 있다, 마흔 개의 치아가 있다, 손을 내리면 무릎에 닿는다, 음경이 감춰져 있다, 손가락 발가락 사이에 갈퀴가 있다, 발바닥이 평평하다 등이다. 길상

중에는 피부가 부드럽고 매끄러우며 금빛金色相이다, 몸에서는 사방으로 1장의 빛을 발한다丈光相는 부분도 있다. 이를 근거로 황금색은 부처가 존귀한 존재임을 상징하는 색으로 여겨져 왔고 불상에도 도금을 했던 것이다.

불상 중 구리로 만든 것이 금동불이다. 구리는 내구성이 있는 금속이면서도 쇠에 비해 비교적 다루기 용이해 불상제조에 많이 활용됐다. 구리에 주석, 납 등을 섞어 주조한다. 금동불은 인도에서 기원하며 2세기 중엽의 카니슈카Kanishka왕 사리기가 현전하는 가장 오래된 불상 형식의 금동제품이다. 중국은 5호16국 시대인 건무4년(334)명 불상이 최고最古의 금동불이다.

한국에는 4세기 후반 불교의 도입과 함께 금동불이 들어왔을 것으로 추측된다. 〈삼국사기〉는 "고구려 17대 소수림왕(재위 371~384) 2년(372)에 중국 전진이 승려 순도를 보내 불상과 불경을 전했다"고 서술한다. 순도가 가져온 이 불상은 당시 중국에서 성행하던 금동불이었을 것이고 이를 계기로 고구려를 비롯한 삼국에서 이를 모본으로 다양한 금동불이 제작됐을 것으로 본다. 금동불은 삼국은 물론 통일신라, 고려, 조선까지 이어지며 우리나라에서 크게 유행해 조성된 불상의 수가 크고 작은 것이 수백 점에 달한다. 하지만 우리나라 불상의 한결같은 경향은 제작연대를 명시한 명을 가진 불상이 매우 드물어 시대를 파악하기가 어렵다는 점이다.

금동불 중 불후의 명작은 단연 국보(제83호) 금동미륵보살반가사유상이며 아울러 이에 필적할 수작으로 국보(제78호) 금동미륵보살반가사유상을 든다. 통일신라 3대 금동불(국보 불국사 금동비로자나불좌상, 국보 불국사 금동아미타여래좌상, 국보 경주 백률사 금동약사여래입상)도 마찬가지로 뛰어나다.

통일신라 전성기를 지나 고려로 접어들면 불교조각이 퇴조하는 양상을 보이지만 고려 불상 중에서도 놀라운 작품이 전해지고 있다. 국립중앙박물관 소장의 금동아미타삼존불은 고려시대뿐만 아니라 우리나라 조각사를 통틀어서도 돋보이는 불상이다. 특히 고려시대 금동불은 현존하는 수량이 적은 데다 대부분 제작연대가 불명확해 삼존불은 일제강점기부터 고려시대 불교조각의 도상과 양식을 대표하는 중요한 불상으로 다뤄졌고 고려불상을 편년하는 기준품으로 빠짐없이 언급돼 왔다.

삼존불은 아미타불좌상, 관음보살입상, 대세지보살입상으로 구성된다. 아미타불은 극락세계를 주관하는 부처이며, 관음보살은 아미타불 왼쪽에 서며 중생의 소리를 들어 현실의 고통에서 구제해 주는 보살이다. 대세지보살은 지혜를 상징하는 보살로 아미타불 오른쪽에 위치하며 물병을 얹은 화려한 보관을 쓰고 있다.

삼존불은 근래까지도 별개의 불상으로 알고 있었다. 특히 아미타불 좌상은 여타 고려 불상과 달리 경직되지 않은 자연스러운 자세와 면모를 띠고 있어 오랜 세월 고려 초 불상으로 인식됐다. 그러나 국립중앙박물관의 연구 결과 아미타불을 주존으로 관음보살과 대세지보살이 협시하는 삼존불임이 밝혀졌다.

애초 아미타불과 보살상이 다른 경로로 입수되면서 혼란이 생기

**금동아미타삼존불의 주존인
금동아미타불좌상**

높이 69.1㎝·덕수 71

1333년. 국립중앙박물관 소장. 삼존불은
고려뿐만 아니라 우리나라 조각사를 대표
하는 걸작 불상이다.

3부 간절한 염원, 대작으로 거듭나다

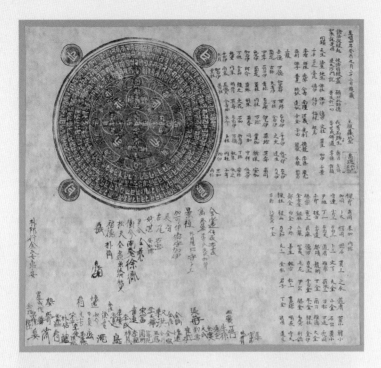

금동관음보살입상에서 나온 복장발원문

세로 56.7cm×가로 60.3cm

복장을 납입한 연도·날짜(1333
년 9월 22일)와 발원자 이름, 불경
구절 등이 적혀있다.

게 됐다. 아미타불은 1908년 일본인으로부터 350엔에 구입했고 관
음보살상과 대세지보살은 1912년 또 다른 일본인에게서 600엔에 샀
다. 박물관측은 이어 1915년 "지순至順 4년(1333·고려 충숙왕 복위 2) 9월 22
일 복장했다"는 복장발원문을 제3의 일본인에게서 매수해 별도 보관
해 왔다.

　그런데 박물관 불교조각 조사 때 관음보살상 내부에서 1915년 구

입한 복장발원문과 동일한 수결(서명), 인명이 적힌 발원문 조각이 나와 복장발원문이 관음보살상의 것임이 새롭게 확인됐다. 관음보살상의 정확한 제작연도가 처음으로 드러난 것이다.

관음보살상의 발원문에는 복장을 납입한 연도·날짜(1333년 음력 9월 22일)와 주관한 사람의 이름, 연기법송緣起法頌(탑안에 봉헌한 법사리의 하나로 석가모니가 깨달은 내용을 가장 간략하게 표현한 노래), 발원자 이름이 차례로 적혀 있다.

복장발원문에는 성씨를 갖춘 인명, 승려의 법명, 길덕, 만덕, 어리가이, 금이, 물금처럼 성씨가 없는 인명 등 200명에 가까운 이름이 기술돼 있다. 발원자 가운데는 고위관료도 있다. 김진(1292~?)은 1333년 광정대부 정당문학 예문관 대제학과 지춘추관사 상호군이었다. 이겸이라는 인물은 원나라와 긴밀해 1322년 삼사부사로서 원나라에 신년하례를 갔으며 1337년 전리판사로서 원나라 태황태후의 책봉을 하례했다. 이후 1349년 충정왕 원년에 도첨의참리상의, 공민왕 때 문하평장사에 임명된 기록이 있다.

관음보살상의 연대가 드러났으니 이제 나머지 두 불상과의 연관성을 밝혀내면 된다. 우선 삼존불은 양식적으로 동일하다. 자연스러운 얼굴 표정, 안정적인 신체 비례, 섬세한 내의·매듭의 표현, 승기지(겨드랑이를 가리는 사각형 속옷) 장식, 중품하생인中品下生印(엄지와 장지를 맞대고 있는 손모양)을 하고 있다. 통일신라에서 고려전기로 이어진 조각양식에 중국 요대 또는 송대 불상모습이 새롭게 유입돼 형성된 불상형식이다. 고려시대 충청지역에 남아 있거나 봉안됐던 불상들과도 양

금동아미타삼존불의 왼쪽 높이 87cm·덕수 3363
협시불 금동관음보살입상

1333년. 국립중앙박물관 소장.

식적으로 닮았다.

과학적 성분 조사에서 한 세
트라는 사실이 명확해졌다. 조
사는 세 불상의 성분과 도금층,
불상바닥에 붙어 있는 직물을
분석했다. 그 결과 세 불상 모
두에서 구리, 주석 납 함량은
물론 불순물의 함량까지 동일
했고 직물류도 같았다. 바닥판
을 고정하는 방식 역시 다르지
않아 세 불상 모두 하단 네 귀
퉁이에 구멍을 뚫고 쇠못을 박
았다. 세 점의 불상은 동일 공방
에서, 거의 동시에 제조된 삼존
불인 것으로 결론 지어졌다.

삼존불 내부에서는 다량의
다라니경도 발견됐다. 다라니
는 산스크리스트어로 재앙과
악업을 소멸시키는 신비한 주
문을 의미한다. 다라니는 탑을 쌓을 때 진신사리를 대신해 안치하는
법사리의 하나로 신라 하대와 고려시대 크게 유행했다. 다라니를 불
상에 넣은 것은 불상을 보호하는 벽사와 공간을 충전하는 실용의 기

능이 목적이다.

삼존은 법당 안에서 어떻게 봉안됐을까. 일본 도쿄 네즈미술관에 소장된 고려 14세기 불화 아미타삼존도는 아미타불이 높은 대좌에 앉아 있고 그 앞 좌우에 관음보살상과 대세지보살상이 서 있는 구조이다. 금동아미타삼존불도 이처럼 본존과 협시불의 위계를 달리해 배치됐을 것으로 판단된다.

삼존불이 조성됐던 1333년은 중요한 정치적 사건이 있었다. 고려 27대 충숙왕(1294~1339·1차 재위 1313~1330·2차 재위 1332~1339)은 1313년 즉위했지만 모함을 받아 1330년 태자(충혜왕)에게 왕위를 물려주고 원나라에

금동아미타삼존불의 오른쪽 높이 87cm·덕수 3364
협시불 금동대세지보살입상

1333년. 국립중앙박물관 소장.

체류했다. 그러나 부원세력인 기철 등 고려의 신하들이 충혜왕을 황음무도하다는 이유로 고발하자 원나라는 충혜왕을 폐위하고 귀양 보낸다. 1332년 충숙왕이 복위돼 이듬해 고려로 돌아왔다. 충숙왕은 의

지가 굳고 총명했지만 정치적 고초를 겪으면서 정사를 멀리했다. 후일 반원 자주개혁을 단행해 고려를 부흥시킨 개혁군주 공민왕이 그의 둘째 아들이다.

삼존불의 높은 예술성은 제작에 당대 최고의 장인이 투입됐음을 말해준다. 불상이 발원된 해는 충숙왕이 귀국한 1333년이며 불사에 고위관료들이 참여했다. 따라서 충숙왕의 귀환을 기념해 삼존불을 조성했을 수도 있다는 의견이 조심스럽게 제기된다. 발원문에 왕에 대한 축원문이 없어 섣불리 이를 단정하기는 힘들다.

금동아미타삼존불은 뒤늦게 그 실체가 파악됐지만 고려청자와 고려불화를 탄생시킨 고려장인의 탁월한 미적 감각을 가늠할 수 있는 또 다른 고려의 걸작 예술품인 것이다.

4부

시대의 거장,
불세출의 명작을 낳다

기인화가 김명국은
평생 궁궐서 근무한 엘리트

달마도

중국 남북조시대 선종의 시조인 달마를 휘갈기듯 그린 달마도達磨圖의 작가 연담 김명국을 우리는 항상 말술을 마셨고 또한 술기운을 빌려 신필의 솜씨를 뽐내던 조선 최고의 기인화가로 주로 기억한다.

하지만 그는 뜻밖에도 잘나가는(?) 왕실화가였다. 20대부터 60대 사망하기까지 거의 평생을 도화서 화원으로 근무하면서 수많은 궁궐 행사 그림과 공신 초상화 등을 도맡아 그린 엘리트 화가였고 벼슬에서도 기술직의 한계를 뛰어넘었다. 같은 도화서 화원이면서도 색주가의 그림을 즐겨 그리다가 일찌감치 궁에서 쫓겨나 저잣거리를 떠돌아야만 했던 혜원 신윤복과 삶이 대비된다. 대체 어떤 것이 김명국의 참모습인 걸까.

달마절로도강折蘆渡江
세로 97.6cm×가로 48.2cm. 덕수 5954
17세기. 국립중앙박물관 소장.

1870년 발간된 〈동국문헌록東國文獻錄〉에 "김명국은 1600년(선조 33)생이며 본관이 안산"이라고 기술돼 있다. 또 다른 기록에 1663년(현종 4) 이조참판 강백년을 방문해 산수도를 그렸다고 돼 있어 최소한 1663년까지는 생존했을 것으로 보인다.

그는 여러 번 개명했다. 서울대 규장각 소장 의궤 등 각종 문헌을 살펴보면, 김명국은 명국明國, 명국鳴國, 명국命國 3가지 이름을 쓰고 있다. 일본의 자료인 〈고화비고古畵備考〉는 "1643년 화관 김명국金明國으로 이름을 고치고 호는 취옹醉翁이라고 했다. 인물화는 '연담連潭'이라고 낙관하고 쇠도장은 '연담김씨명국인'이라고 했으며 수묵화에는 '취옹醉翁'이라 낙관하고 쇠도장은 '김명국인'이라고 했다"고 기술한다.

그는 일찌감치 화재를 인정받아 도화서 화원으로 뽑혀 대궐에 들어갔다. 규장각 의궤를 종합하면, 화원으로서 최초 기록은 1627년(인조 5) 〈소현세자가례도감의궤〉와 소무녕사昭武寧社(이인거, 유효립 등 역모사건 진압) 공신 녹훈 초상화 제작에 참여한 일이다. 1627년이면 28세 되던 해로, 이로 미뤄 볼 때 김명국은 20대 중반 이전에 이미 도화서에 근무했을 것이다. 이어, 1635년 〈원종인헌왕후부묘도감의궤元宗仁獻王后祔廟都監儀軌〉, 1644년 영국공신寧國功臣(심기원, 권억 등 반정사건 평정) 공신 녹훈 초상화, 1645년 〈효종왕세자빈궁책례도감의궤〉, 1649년 〈인조국장도감의궤〉, 1651년 〈현종·명성왕후가례도감의궤〉, 1659년 〈효종국장도감의궤〉, 1661년 〈효종부묘도감의궤〉 제작 등 굵직굵직한 국가행사 의궤가 제작될 때마다 주요 화원으로 참여해 그림을 그렸다. 특히 만년인 1661년에는 더욱 왕성하게 활동해 무려 30여 차례나 선발되기도 했다. 그 공로로 기술직 한계 품직인 종6품 교수를 뛰어넘어 정6품 사과司果(오위에 딸린 무관직)까지 벼슬이 승격됐다.

김명국은 경쾌한 붓놀림으로 빠르게 그림을 그리는 것으로 알려져 있지만 사실 도화서 화원 이력에서도 볼 수 있듯이 사실적 묘사에서 매우 탁월했다. 다음 일화는 그러한 경향을 잘 보여준다. 영조 때 대제학을 지낸 남유용(1698~1773)의 〈뇌연집雷淵集〉에 의하면, 인조가 노란 빗을 건네며 무늬를 새겨 넣으라고 명하자 김명국은 무언가를 그렸다. 어느 공주가 그 빗 가장자리에 머릿니 두 마리가 있는 것을 보고는 손톱으로 눌러 죽이려고 하다가 자세히 보니 그림이었다. 이 일로 김명국은 삽시간에 궐내에서 유명해졌다.

오늘날 우리가 아는 그의 화풍은 30·40대 때 일본을 다녀오면서 형성됐을 것으로 추정된다. 일본에서 과연 무슨 일이 있었던 걸까. 1636년 조선통신사 부사 김세렴(1593~1646)의 〈동명해사록東溟海槎錄〉, 1928년 간행된 오세창의 〈근역서화징槿域書畵徵〉, 〈고화비고古畵備考〉에 따르면, 김명국은 조선통신사 수행화원으로 1636년(인조 14), 1643년 (인조 21) 두 차례 일본에 다녀왔다.

당시 일본에서는 선종화禪宗畵가 유행했다. 선종은 참선을 통해 깨달음을 얻을 수 있다고 강조하는 불교 종파이다. 선종화는 수묵 위주의 빠른 필치로 단순하게 그리지만 대상의 내면적 정신세계를 표출하면서 강력한 느낌을 자아내는 것이 특징이다.

소재는 달마(선종의 시조), 한산(당나라 선승), 풍간(당나라 선승), 습득(당나라 선승), 포대(후량의 선승), 나한(부처의 경지에 오른 불제자), 십우도(본성을 구하는 것을 소를 찾는 것에 비유해 그린 선종화) 등이 그려졌다. 선종화는 중국 오대(907~960)와 남송대(1127~1279)에 성행했고 15세기 무렵에는 거의 자취를 감추지만 이 시기 불교가 발달했던 일본에서 오히려 크게 발달한다.

선종화는 조선회화사에서는 유독 김명국과 한시각(효종 때 도화서 화사) 등 도일 화가들에 의해 두드러지게 그려졌다. 일본의 요구에 따라 당시 그곳에서 풍미했던 선종화를 자주 그리게 됐고 이것이 조선에서도 선종계통의 그림이 정착하게 된 동기가 됐을 것으로 이해된다.

김명국은 당시 조선에서 유행하던 절파浙派화법에 뛰어났다. 절파는 명나라 중기 절강성의 기법으로, 거친 필묵, 강한 농담濃淡의 대비, 클로즈업된 인물 표현 등을 특징으로 한다. 그런 김명국은 일본인들이 요청하는 그림을 일필휘지로 그려줬고 이것이 일본인들의 구미에 딱 맞아 떨어져 열렬한 환영을 받았다. 그의 그림을 구하려고 몰려드는 일본인들로 인해 김명국은 큰 고초를 겪었다. 〈동명해사록〉 1636년 음력 11월 14일자는 "그림을 청하는 왜인이 밤낮으로 모여들어 김명국이 울려고 했다"고 소개한다.

1643년 방일도 일본 측의 공식적 요청으로 이뤄졌다. 김명국의 인기와 명성이 얼마나 대단했던지 두 번째 일본행은 순전히 그들의 초청에 의한 것이었다. 일본은 "연담이 오기를 바란다"고 특별 요청했고 조정에서 이를 받아들여 김명국은 통신사를 따라 다시 일본으로 보내졌다. 화원이 일본에 두 번 간 사례는 김명국밖에 없다. 심지어 일본이 1662년(현종 3) 동래부사를 통해 김명국의 그림을 사가려고 했다는 기록도 전해진다.

호를 취옹이라고 지었을 만큼 김명국 하면 술을 빼놓고 얘기할 수 없다. 그는 말술을 마셨으며 술에 취한 후 붓을 휘둘러야 필치가 더욱 자유분방하고 신비로운 기운이 넘쳐 흘렀다. 그에게 술은 예술적 감성을 극대화하는 매개체였다. 조선후기 문인 겸 미술평론가 남태응(1687~1740)의 〈청죽화사聽竹畫史〉에 의하면, 한 일본인이 세 칸의 건물을 지어 그곳에 그림을 그리기 위한 금물을 준비해 그를 초빙했다. 그런데 김명국은 술부터 찾더니 취하도록 마신 뒤 금물을 벽에 뿜어서 다 비워버렸다. 주인은 그 모습에 실망감과 당혹감을 감추지 못했다. 그러나 그림이 완성되자 분위기는 급반전됐다. 어느 순간 생동감 넘치며 신묘한 느낌마저 감도는 대작이 모습을 드러냈고 이를 보기

김명국 필 달마도

세로 83.0cm × 가로 57.0cm · 본관 14748

조선 17세기. 국립중앙박물관 소장.
이 작품은 '세계에서 가장 뛰어난
달마도'로 불리지만 아직 국보·보물
이 아니다.

무관의 국보

위해 인파가 쇄도했다. 그 왜인의 자손들은 혹 그림이 훼손될까 기름 막으로 덮어 애지중지 보호했고 조선 사신이 가면 먼저 열어 보이면서 자랑거리로 삼았다.

김명국은 중국의 절파를 기본으로 하면서 일본에서의 경험을 바탕으로 선종화풍을 수용해 독자적인 회화양식을 구축했다. 작품은 신선이나 고승 등 선종계통의 도석道釋인물, 산수인물화가 많다. 달마도가 그런 그의 대표작이다. 달마는 남인도 출신 승려로 원래 이름은 보리달마(산스크리트어 보디다르마)이다. 서기 640년경 중국으로 건너가 불법을 전파했으며 선종을 처음 창시한 인물로 잘 알려져 있다.

달마도는 '세계 최고의 달마도'라는 찬사를 받는 불후의 명작이다. 조선통신사로 일본에 갔을 때 그려 남겨두고 왔던 작품 중 하나이지만 다행스럽게도 국립중앙박물관이 구입해 소장하고 있다. 상반신만 4분의 3 측면관을 포착해 두건을 쓰고 눈을 부라리며 수염을 덥수룩하게 기른 모습으로 표현되고 있다. 먼 곳을 바라보는 달마의 시선은 영원의 진리를 갈구하는 선승의 구도심求道心을 단적으로 보여준다. 거칠 것 없는 호방함, 시원스러운 묵선과 여백의 조화는 한 치의 오차를 발견할 수 없으며 박력 넘치는 굵다란 옷주름 선 역시 기백 있는 얼굴 모습과 절묘하게 어울린다. 그림은 대범하고 즉흥적이지만 고도의 집중력을 발휘하고 있는 것이다.

국립중앙박물관 소장의 은사도는 달마도 못지않은 걸작이다. 김명국의 만년 작품으로 두건을 쓰고 대지팡이를 짚으며 어디론가 가는 은일자의 뒷모습을 담고 있다. 연담의 대범한 기운은 찾아보기가 어렵고

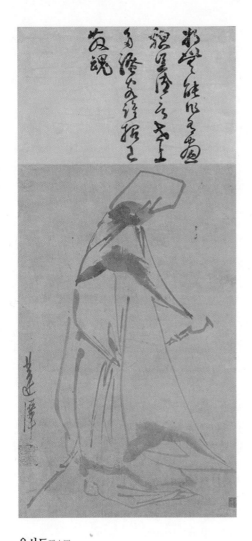

은사도隱士圖
세로 60.6cm×가로 38.8cm·덕수 3666

17세기 중반. 국립중앙박물관 소장. 단순하지만 대범하고
즉흥적인 붓놀림으로 고도의 기교미를 뽐내고 있다.

달마도에서조차 찾을 수 없는 높은 철학적 경지가 풍긴다. 도석 인물화로는 국립중앙박물관 소장의 달마절로도강(갈대를 잘라 타고 강을 건너는 달마·덕수 5954), 간송미술관 소장의 수노인(수명을 관장하는 수성노인), 평양 조선미술박물관 소장의 '박쥐를 날리는 신선' 등도 있는데 역시 특유의 힘차고 대담함을 잘 보여주는 수작들이다.

산수 인물도로는 국립중앙박물관 소장의 설중귀려(눈내린 길을 나귀타고 돌아오다), 개인 소장의 심산행려深山行旅(깊은 산속을 여행하다), 국립중앙박물관 소장 탐매도(본관 2531) 등이 있다.

김명국은 산수화에서도 대작을 남겼다. '임인

설중귀려雪中歸驢

세로 101.7cm×가로 54.9·
덕수 6164

17세기. 국립중앙박물관 소장.

4부　시대의 거장, 불세출의 명작을 낳다

김명국 필 니금泥金
사시팔경도 中 초여름
세로 41.8cm×가로 30.2cm·본관 5003

1662년. 국립중앙박물관 소장. 국보·보물이 아니다.
니금 사시팔경도는 각 계절 별 2폭씩 총 8폭으로 구성
돼 있다. 신필 김명국은 산수화도 잘 그렸다.

추壬寅秋 연담'이라고 적힌 '사시팔경도'이다. 임인추는 "1662년 가을"
을 말한다. 그림은 초춘, 만춘, 초하, 만하 등 각 계절마다 두 폭씩 총
8폭으로 구성돼 있다. 검은색 비단이나 종이에 금박을 아교에 갠 안
료인 이금으로 그린 니금 산수화이다. 니금은 화려한 시각적 효과를
극대화하기 위해 사용한다. 매우 정교한 필치와 기교가 돋보이는 수
작으로, 이전의 작품과 전혀 다른 조선전기 화단의 부드러운 안견파
화풍의 그림이다. 노년기 그의 또 다른 면모를 보여주는 중요한 자료

김명국 필 니금
사시팔경도 中 초겨울.
1662년.

로 평가된다.

김명국은 인물화와 산수화, 화조화, 사군자 등 다양한 분야에서 수많은 그림을 그렸고 지금 남은 것은 일본에 있는 13점을 포함해 30점이 채 안 된다. 특이하게도 그의 작품 중에서 달마도를 포함해 국보나 보물로 지정된 것은 한 점도 없다.

"중국 아닌 한국 정취 화폭에…" 조선 동물화의 대가들

영모화

"변(변상벽)은 변고양이로 불리고 있으니, 고양이 그림으로 세상에 이름을 떨쳤지. … (중략) … 절묘한 솜씨가 지극한 경지에 이르니, 만지고 싶은 유혹을 끊기 어렵네. 서툰 화가들은 산수를 그린다며 어지럽게 휘둘러 손놀림만 거칠구나."(《여유당전서》 권6)

다산 정약용(1762~1836)은 변상벽(1730~?)의 그림을 보면서 느낀 감흥을 이렇게 시로 읊었다. 화재 변상벽은 우리 회화사에서 '영모화翎毛畵의 일인자'로 불렸던 인물이다. 영모화에서 영翎은 새의 깃털을, 모毛는 짐승의 털을 뜻하지만 일반적으로 모든 동물의 그림으로 통용된다.

변상벽은 동물에 대한 깊은 애정과 면밀한 관찰을 바탕으로 극사실주의 영모화를 그렸던 화가다. 그는 동물이 움직이는 순간을 포착해 찰나의 상황을 그림으로 풀어내는데 누구도 따라오기 힘든 탁월한 기량을 뽐냈다.

그러나 여느 조선시대 화가들처럼 변상벽도 신분이 낮아 간략한 전기, 화평 외에는 삶에 대한 자세한 기록이 전하지 않는다. 실록 등 각종 문헌을 종합하면, 변상벽은 본관이 밀양이며 도화서에 소속된 화원화가로 벼슬은 현감(종6품)까지 지냈다. 초상화에 능해 국수國手로 불렸고 그가 그린 초상화는 100여 장에 달했다는 내용도 전한다. 1763년과 1773년에 영조의 어진을 그렸고 1773년 어진 도사圖寫 때는 주관 화사로 활동했다. 위창 오세창(1864~1953)의 〈근역서화징〉은 그가 영조대의 문인 윤급(1697~1770)의 초상을 그렸다고 언급한다. 국립중앙박물관이 매우 정밀하게 그려진 윤급의 전신관복본 초상화를 소장하고 있는데 그의 그림일 것으로 평가된다. 그러나 그는 동물그림에 더 특출했고 여러 동물 중에서도 고양이와 닭 그림으로 유명하다.

참새를 잡으려는 고양이를 묘사한 국립중앙박물관 소장의 군작쌍묘는 그의 명성과 기량을 가장 잘 보여주는 걸작이다. 구멍이 뚫린 고목 한중간에 작은 고양이가 올라가 있다. 작은 고양이는 가지에 앉은 참새를 잡으려고 훌쩍 뛰어 올랐지만 실패했는지 다시 내려오려고 뒤돌아 땅을 바라보고 있다. 하지만 위치가 너무 높아 당황하면서 떨어지지 않기 위해 뒷다리로 강하게 나무에 버티고 있다. 땅 밑에서는 어미 고양이가 머리를 위로 들어 새끼 고양이를 걱정스럽게 쳐다

**동물그림의 일인자 변상벽의
군작쌍묘**群雀雙猫

세로 93.9㎝ × 가로 43.0㎝ · 덕수 1003

18세기. 국립중앙박물관 소장.

보고 있다. 갑작스러운 고양이의 침입에 놀란 참새들은 나무가지 사이를 분주하게 움직이며 정신없이 짹짹거리고 있다.

세필로 고양이의 털을 한 올 한 올 채색해 섬세하게 표현했고 활처럼 휜 등과 탄력 있는 꼬리, 서로 이야기를 나누는 듯 한 눈의 모습 등 고양이의 특징을 정교하게 잘 잡아내 고양이 그림 대가로서 면모를 유감없이 과시한다. 반면 배경이 되는 나무는 먹의 농담을 사용해 대범한 필치로 그려 대조적이다. 서로 다른 소재와 기법의 조화를 통해 그림의 전체적인 완성도를 극대화하고 있는 것이다.

어미 닭이 병아리들을 돌보는 변상벽의 모계영자 역시 한국 영모화의 수작이다. 따스한 봄날, 마당 한 켠에 구멍 뚫린 괴석이 놓여 있고 바위 옆에 피어 있는 하얀 꽃 주변을 벌과 나비들이 이리저리 날아다니고 있다. 그 아래 암탉과 14마리의 병아리가 봄볕을 즐기고 있다. 암탉은 재빨리 벌 한 마리를 낚아 채 병아리에게 주려고 한다. 자식에게 하나라도 더 먹이고 싶은 암탉은 모성애가 넘치는 눈빛이며 병아리 5마리가 먹이를 서로 받아먹으려고 부리를 내밀고 있다. 이를 눈치 못 챈 다른 병아리들은 나뭇가지로 장난을 치거나 목이 말라 물을 마시거나 어미 품으로 들어가려고 하고 있다. 그림 속 닭과 병아리들은 마치 살아있는 듯하다.

간송미술관 소장으로, 고양이가 국화 앞에 엎드리고 있는 국정추묘菊庭秋猫(29.5×22.5cm), 병아리를 이끄는 수탉과 암탉을 담은 자웅장추雌雄將雛(46.0×30.0cm)도 변상벽 작품이다.

감상을 목적으로 한 영모화는 중국의 송과 원 영향으로 고려 때부

변상벽의 또다른 걸작 영모화

모계영자母鷄領子
세로 94.4cm×가로 44.3cm·덕수 1810

18세기. 국립중앙박물관 소장.

터 그려졌지만 성리학을 국가통치 이념으로 표방한 조선이 개국하고 신진 사대부들을 중심으로 문예활동이 왕성해지면서 크게 유행한다. 특히 조선 국초부터 도화원이 설치되고 이를 토대로 많은 화가들이 배출돼 영모화를 포함해 각 회화 장르에서 획기적 변화와 발전을 이룬다. 도화서 화원을 선발할 때 산수, 인물화 다음이기는 하지만 영모화도 과목에 포함됐다. 영모화는 주위에서 쉽게 접할 수 있는 개, 고양이와 함께 말, 소가 많이 그려졌다. 말은 관리와 문인을, 소는 서민의 삶과 은일을 상징해 문인화가들이 애호했다. 이와 함께 호랑이 등 야수는 벽사, 닭은 자손의 번창, 꿩은 지조의 의미로 그려지기도 했다.

조선 초·중기 영모화에서 독보적 화가는 이암(1499~1566)이다. 증조부가 세종의 넷째 아들 임영대군(1420~1469)인 종실화가였다. 실록은 승정원이 중종어진을 제작할 때 그를 추천했다고 기술한다. 정5품 두성령杜城令을 제수받았다.

그는 강아지를 소재로 한 그림을 여러 점 남겼다. 그의 작품은 16세기 이전의 얼마 되지 않은 작품 가운데 개성 넘치면서 중국과 다른 한국적 화풍을 뚜렷이 보여준다. 그는 전형적인 우리나라 강아지를 그렸고 천진스러운 분위기를 통해 한국적 정취를 화폭에 담아낸 것이다. 이런 한국적 동물화풍은 김식(1579~1662)의 소, 변상벽의 고양이로 전통이 계승된다. 특히 일본 에도시대 널리 그려졌던 강아지 묘법에 큰 영향을 미쳤다는 점에서 한국회화사에서 차지하는 비중이 지대하다.

종실화가 이암이 그린 모견도母犬圖　　　　　16세기. 국립중앙박물관 소장.

세로 73.0cm × 가로 42.2cm · 본관 255

4부　시대의 거장, 불세출의 명작을 낳다

국립중앙박물관 소장의 모견도는 이암의 대표작이다. 나무 밑에 어미 개와 세 마리 강아지가 한가롭게 쉬고 있다. 두 마리의 강아지는 배가 고파 열심히 어미의 젖가슴을 파고들고 또 한 마리의 강아지는 형제들이 그러든, 말든 아랑곳하지 않고 어미의 등에 올라 졸고 있다. 어미 개는 새끼들의 어떠한 어리광이라도 넉넉히 받아줄 것 같은 인자한 얼굴을 하고 있다. 전체적으로 소재나 화면의 구성요소들이 자연스럽고 조화롭다. 화면 우측 상단에는 정鼎자의 도장과 이암의 자字인 정중靜仲이라는 백문방인白文方印(흰글씨의 네모난 도장)이 있다. 이건희 전 삼성그룹 회장이 일본에서 구입해 리움미술관이 소장 중인 화조구자花鳥狗子(86.0×44.9cm), 평양 조선박물관 소장 화조묘구花鳥猫狗 (87.0×44.0cm)도 그의 작품으로, 모견도와 동일한 특성과 시정을 갖고 있다.

18세기에는 문예부흥기에 걸맞게 회화분야에서 독창적이고 돋보이는 예술적 업적이 쏟아졌다. 이 시기 걸출한 영모화가로 변상벽과 함께 김두량(1696~1763)을 꼽는다. 그는 본관이 경주이며 도화서에서 종6품 별제를 지냈다.

그는 전통적인 화풍을 따르면서도 청나라를 통해 유입된 서양화풍인 입체적인 음영법을 구사해 매우 정밀하고 사실적인 작품을 남겼다. 흑구도는 크기는 작지만 김두량의 생동감 넘치는 묘사력을 마음껏 과시한 작품이다. 고목 밑에 늙은 개가 앉아 뒷다리를 들어 가려운 곳을 긁고 있다. 가려운 곳이 닿지 않자 몸을 한껏 뒤틀어 기어코 원하는 바를 이루고야 만다. 그제서야 늙은 개는 긁는 곳을 바라

김두량의 흑구도黑狗圖
세로 26.3cm×가로 26.3cm·덕수 2291

18세기 전반. 작은 그림이지만 한국 영모화의 대
표작으로 꼽힌다. 국립중앙박물관 소장.

보며 능글맞은 표정으로 만족해한다.

자연스럽게 흐르는 털은 볼륨감이 느껴지고 살짝 벌린 입 꼬리,
곁눈질하는 익살스러운 눈, 몸의 유연한 동작에서 재치가 넘친다.

중국에서 받아들인 관념 산수화는 조선 전반에 걸쳐 크게 성행했
다. 그런 풍토 속에서도 3명의 천재화가들은 주변에서 쉽게 접하는

친근한 동물을 소재로 한 개성 넘치는 영모화로 조선 화단에 새로운 전통을 만들어냈던 것이다. 천재 영모화가들의 명작 영모화 중 리움 미술관 소장의 '화조구자'만 보물로 지정돼 있다.

일본에 산수화 전수한
조선의 천재화가

안견 사시팔경도

일본 무로마치 시대(1338~1573)의 선승화가 슈우분周文은 일본 수묵화의 개조로 추앙 받는다. 그를 추종하는 슈우분파는 16세기 일본 수묵화단의 주류를 형성했다.

도쿄국립박물관 소장 '죽재독서도竹齋讀書圖'를 슈우분의 작품으로 알고 있다. 그런데 이 그림은 조선전기 화가 안견(1400년 전후~1464년 이후)의 작품으로 인식되는 국립중앙박물관 소장 '사시팔경도'의 늦은 봄과 매우 닮았다. 구도나 공간처리, 필법 등이 같은 작가의 것이라고 해도 될 만큼 비슷하다. 슈우분파 작가의 한명인 가쿠오岳翁가 그린 도쿄국립박물관 소장 '산수도'도 안견 화풍에 충실하다. 우리나라 화가 중 안견처럼 일본 산수화에 괄목할 만한 영향을 미친 인물도 없다.

사육신 성삼문의 시와 글씨

1442년. 조선전기 예술후원자 안평대군이 당대 대표적 문사 9명에게 소상팔경시를 짓게 해 만든 보물 비해당 소상팔경시첩(匪懈堂 瀟湘八景詩帖·국립중앙박물관 소장)에 수록돼 있다. 우리 회화사의 최고 걸작인 몽유도원도 역시 안평대군이 꿈에서 본 무릉도원을 안견에게 그리도록 해 사흘 만에 완성했다. 안평대군과 성삼문은 세조에게 죽임을 당했지만 안견은 살아남았다.

슈우분은 1423년(세종 5) 일본 사신단의 일원으로 조선에 왔다가 이듬해 1424년 돌아갔다. 슈우분은 조선 체류 때 화가로서 마땅히 당대 각광 받던 조선의 젊은 천재화가 안견과 접촉했을 것이고 또한 상당 기간 교류를 통해 안견의 그림을 익혔을 것으로 쉽게 짐작된다.

현동자 안견은 조선 산수화의 일인자다. 그의 작품인 일본 덴리대 도서관 소장 몽유도원도夢遊桃源圖(106.5×38.7㎝)는 한국 회화사를 통틀어서 최고 명작으로 평가된다. 세종의 셋째 아들 안평대군(1418~1453)이 1447년(세종 30) 늦은 봄인 음력 4월 20일, 꿈속에서 본 무릉도원의 이야기를 안견에게 들려주며 그림으로 그리게 해 사흘 만에 완성했다. 이상향을 찾아가는 여정을 치밀하면서도 웅장하게 묘사하고 있다. 안평대군을 포함해 김종서, 신숙주, 박팽년, 성삼문, 정인지, 서거정 등 최고의 문사 21명이 찬시도 적었다. 문화가 고도로 완숙했던 세종 치세 중에서도 절정기의 예술과 사상이 총결집된 걸작인 것이다.

몽유도원도는 놀랍게도 조선 전반에 걸쳐 존재 자체를 알지 못했다. 그림은 안평대군 생전 양부인 성녕대군(태종의 7남)의 원찰인 경기도 고양의 대자사에 봉헌됐다. 안평대군이 숙청된 뒤 거의 잊혀졌고 설상가상 임진왜란 때 왜군이 훔쳐가면서 세인의 기억에서 완전히 사라졌다. 그러다가 1931년 도쿄도미술관에서 열린 조선명화전람회에 돌연 출품되면서 존재가 처음으로 알려졌던 것이다.

안견의 독보적 화격은 문헌을 통해서도 잘 확인된다. 성현 (1439~1504)의 〈용재총화傭齋叢話〉는 "지금 사람들이 안견의 그림을 아끼고 간직하기를 금과 옥처럼 여겼다"고 했다. 한훤당 김굉필(1454~1504)은 안견의 산수도 병풍첩을 소장했다. 후대 남명 조식(1501~1572)이 이 병풍첩에 발문跋文을 썼다. 〈남명집南冥集〉에 따르면, 조식은 이 발문에서 "(그림이) 주인 없이 이리저리 떠돌아다닌 지 백 년이 지났지만 묘한 솜씨는 어제 그린 것 같다"고 썼다. 김굉필이 갑자사화로 처형돼 가산이 적몰되면서 이 병풍첩도 도화서로 옮겨졌다가 이후 여러 사람의 손을 거쳐 다시 김굉필의 손자인 김립의 소유가 됐다고 〈남명집〉은 설명한다. 이 병풍은 지금 전하지 않는다.

안견은 중국 화가도 감탄하게 했다. 장지연의 〈진휘속고震彙續攷〉와 실록에 의하면, 1464년(세조 10년) 명나라 사신으로 조선을 방문한 김식金湜은 귀국하면서 여러 물품과 함께 도화서 화공 안견이 그린 대나무 그림을 선물로 받았다. 김식은 문인화가로서 명나라에서 명성이 높았던 인물이다. 김식은 안견의 작품을 보고서 깜짝 놀랐다. 1464년 음력 5월 27일자 〈세조실록〉은 "김식이 '이것은 절세의 그림입니다. 곽희(중국 북송의 화가) 보다 훨씬 뛰어 납니다'라고 하였다"고 전한다.

명성에 비해 안견의 생애는 알려진 게 별로 많지 않다. 한국서화가를 망라한 오세창의 〈근역서화징槿域書畵徵〉에도 생애는 간략하다. 〈근역서화징〉은 "자는 가도可度, 호는 현동자玄洞子 · 주경朱耕, 본관은 지곡池谷, 화원으로 벼슬은 호군護軍(정4품 무관직)"이라고 밝히고 있을 뿐이다. 1619년(광해군 11) 한여현이 편찬한 충남 서산의 읍지 〈호산록湖山錄〉은 "안견은 본읍 지곡인地谷人"이라고 서술한다. 지곡에는 조선전기 순흥 안씨의 집성촌이 형성됐다. 봉림대군의 스승인 안응창이 엮은 〈죽계사적〉에 의하면, 고려 말 성리학자 안향의 현손(4대손)으로 호조판서를 지낸 안우세가 처음 지곡에 들어왔고 이후 순흥 안씨는 지곡의 대표성 씨로 정착한다. 지곡 출신의 안견의 본관은 순흥이었던 것이다.

안견은 지곡 입향조인 안우세의 손자이며 어릴 때부터 그림 솜씨가 뛰어나 사대부 신분에도 화공이 됐다는 이야기도 지곡 안씨 집안에서 전승되고 있다. 실록 등의 기록을 근거로 안견이 세종대 도화서 화원으로 궁궐에 들어와 문종, 단종, 세조대를 거치면서 화가로서 맹활약했음을 알 수 있다. 임금의 분에 넘치는 총애도 입었다. 실록은 "세종이 (화공 안견을) 심히 중하게 여기고 보호하였다"고 쓰고 있다.

안견은 생몰년을 모르지만 여러 단서로 추측이 가능하다. 출생 시기와 관련해 일본 화가 슈우분이 방한한 1423년에 안견이 20대 초중반이었다면 안견은 1400년 전후 태어났을 가능성이 있다. 몽유도원도의 제작연도도 참고 된다. 몽유도원도가 지닌 격조는 안견의 수준이 화가로서 기량뿐만 아니라 정신세계도 상당히 원숙한 단계에 도달했음을 보여준다. 따라서 몽유도원도가 탄생했던 1447년에 안견은 40대 후반 또는 50대 초반이었을 것으로 유추된다.

사망연도도 나타나지 않는다. 다만 안견이 1464년 도화서 화원으로서 명나라 사신 김식에게 대나무 그림을 선물했다는 실록 내용으로 미뤄 60대까지도 도화서에 근무했던 것으로 판단된다. 안견은 비록 화공이었지만 아들 안소희는 당당히 문과에 급제한다. 성종 10년 (1479) 음력 1월 8일 실록 등에 따르면, 성종은 안소희에 사헌부 요직인 감찰벼슬을 내렸다. 안소희는 1478년 임금이 친히 주관한 과거에서 합격했다. 하지만 화공의 아들이라는 점이 논란이 돼 감찰직에 임명되지는 못했다. 안견이 성종 초까지도 도화서에 근무했을 개연성도 제기된다.

안견은 몽유도원도를 주문한 안평대군과 가까웠다. 안평대군은 그를 아껴 잠시도 떠나지 못하게 했다. 뜻밖의 일로 둘의 관계가 단절된다. 안평대군은 북경에서 사온 천하의 명품 용매묵龍煤墨을 아꼈다.

어느 날 먹이 사라졌다. 시중을 들던 계집종들을 추궁하니 모두가 안견을 범인으로 지목했고 안견의 소매에서 먹이 나왔다. 안평대군은 크게 노해 "네 이놈, 다시는 내 집 근처에 얼씬하지도 말라"고 꾸짖어 내쫓았다. 얼마 뒤 계유정난이 터졌고 세조에게 맞섰던 안평대군은 처형됐다. 안견은 용매묵 절도 사건 덕분에 목숨을 보전했다. 윤휴의 〈백호전서白湖全書〉는 "안평대군이 큰 화를 만나 그의 집에 드나들던 사람들도 연루되어 죽지 않은 사람이 없었지만 안견만이 홀로 그 화를 모면하였다"고 서술했다.

안견은 북송의 화가 곽희 화풍을 토대로 여러 그림체를 종합 절충해 독자적 경지에 올랐다. 김안로의 〈용천담적기龍泉談寂記〉는 "안견은 고화를 많이 보아서 그 그림의 핵심적인 요체를 쏙 뽑아냈으니 곽희를 모방하면 곽희가 되고 이필(북주의 화가)을 모방하면 이필이 되며 유용(원나라 화가)도 되고 마원(남송의 화가)도 되어서 모방한 대로 되지 않은 게 없었다. 그 중에서 산수가 가장 뛰어났다"고 적었다.

각종 기록을 종합하면, 안견은 무수한 그림을 남겼지만 현재 전하는 것이 드물다. 몇 안 되는 작품 중에서도 논란의 여지가 없는 진품은 일본의 몽유도원도가 유일하다. 더불어 국립중앙박물관 소장 사시팔경도, 소상瀟湘팔경도, 적벽도, 설천雪天도, 간송미술관 소장 산수도, 설강어인雪江漁人도, 서울대 소장 근역화휘槿域畵彙 속 산수도 잔편, 일본 나라 야마토분카칸 소장 연사모종煙寺暮鐘도 정도가 안견 작품으로 분류된다.

이 가운데 사시팔경도는 화풍적으로 연대가 제일 오래됐다. 그림

**안견 필 사시팔경도 中
늦은 겨울**

세로 35.8cm×가로 28.5cm·
덕수 3144

15세기. 국립중앙박물관 소장.
사시팔경도는 사계절의 정경을
표현한다. 계절별 두 폭씩 모두
여덟 폭으로 이뤄져 있다. 연도나
구도, 팔법 등을 고려할 때 국내에
서 유일한 안견 작품으로 추정된다.
국보나 보물이 아니다.

이 화면 한쪽에 치우친 편파 구도, 확 트인 여백 처리, 식빵 덩어리
같은 특이한 기암절벽의 형태, 나무 가지를 게의 발처럼 가늘면서 구
부러지게 그리는 해조묘蟹爪描 등 전형적인 안견풍이다. 모두 여덟 폭
으로 이루어졌으며 각 폭에 각각 이른 봄과 늦봄, 초여름과 늦여름,
초가을과 늦가을, 초겨울과 늦겨울을 표현했다. 각 계절은 한 쌍을
이루며 이른 계절은 오른쪽에 그림이 배치돼 있고 늦은 계절은 왼쪽
에 무게가 주어져 있어 대칭구조의 효과를 극대화하고 있다.

**안견 필 사시팔경도 中
이른 겨울**

세로 35.8cm×가로 28.5cm·
덕수 3144

15세기. 국립중앙박물관 소장.

　각 폭의 그림은 몇 개의 흩어진 풍경으로 구성돼 있는데 이들 풍
경은 별개의 것이지만 절묘하게 조화돼 하나의 통일된 경치를 이룬
다. 이러한 구도 역시 안견 그림의 중요한 특징이다. 풍경들 사이에
는 수면과 연기, 구름을 따라 넓은 공간과 여백이 전개된다. 옹색함
을 꺼리는 한국적 미의식과 공간개념을 반영한다. 이 작품은 국보나
보물로 지정돼 있지 않다.

　중국 동정호 남쪽의 소강, 상강의 정경을 담은 국립중앙박물관 소

전傳 **안견 적벽도**赤壁圖
세로 161.2cm×가로 101.8cm · 덕수 2417

15세기 또는 16세기.
국립중앙박물관 소장.

장 소상팔경도도 편파구도, 넓은 공간 처리 등 안견의 그림체를 추구
하지만 산의 형태가 도식적이다. 16세기 초반 안견파 화가의 작품으
로 이해된다. 국립중앙박물관 소장 적벽도도 안견풍이지만 산수보다
인물묘사가 훨씬 능해 안견의 작품은 아니라고 본다.

무관의 국보

전(傳) 안견 소상팔경도 中
강천모설江天暮雪
세로 35.8cm×가로 28.5cm·덕수 3144

15세기 또는 16세기. 국립중앙박물관
소장. 안견의 그림으로 알려져 왔으나
안견파 화가의 작품이라는 주장도 제기
된다.

　　국내의 안견파 화가는 직업화가뿐만 아니라 사대부 출신 화가들
에게까지 신분을 초월해 다양했다. 문인화가 양팽손, 정세광, 김시,
여성 서화가 신사임당, 도화서 화원 이정근, 강효동, 이징, 김명국,
노비출신 화가 이상좌 등을 든다.
　　몽유도원도를 뛰어넘는 필생 업적은 따로 있었다. 청산백운도青山白

왕실 출신 화원 이징이
경상도 하동 화개현의
일두 정여창 별장을 묘사한
보물 화개현구장도花開縣舊莊圖
세로 89.0cm×가로 56.0cm

1643년. 국립중앙박물관 소장. 이징은
안견파의 대표 화가였다. 글은 선조의
사위인 신익성이 썼다.

雲圖였다. 〈용재총화〉는 "내가 승지로 있을때 궁궐 창고에서 청산백운
도를 보았다. 참으로 진귀한 보배였다. 안견도 항상 '내 평생의 정력
이 모두 여기에 있다'고 말하였다"고 적었다. 아쉽게도 이 작품도 사
라지고 없다.

물멍에 빠진 선비 그림에 숨겨진
조선 최대 정치사건

강희안 고사관수도

깎아지는 절벽을 배경으로 바위 위에 두 팔로 턱을 괸 채 명상에 잠긴 선비. 그는 무심히 흐르는 강물을 바라보며 무슨 생각을 하고 있는 걸까.

강희안의 작품으로 알려진 국립중앙박물관 소장의 고사관수도는 크지는 않은 그림이지만 안견의 몽유도원도(일본 덴리대 소장)와 함께 조선전기의 기념비적인 걸작으로 꼽힌다. 강희안은 누구이며 작품 속 인물은 도대체 누구를 그린 것일까.

세종대왕의 셋째 아들인 안평대군(1418~1453)은 정치적 야심을 가진 형 수양대군(세조)에 의해 희생돼 36년의 짧은 삶을 살아야만 했다. 그는 타고난 예술적 재능과 감성으로 조선 초 황금기인 세종대 문예

강희안 필 고사관수도高士觀水圖
세로 23.4cm × 가로 15.7cm · 본관 2504

15세기. 국립중앙박물관 소장. 조선회화사의 최고 걸작 중 하나다. 그림을 그린 강희안은 계유정난 때 희생된 안평대군, 사육신과 관계가 돈독했지만 세조의 비호로 겨우 목숨을 건졌다. 희생된 문우들과 함께 하지 못한 죄책감, 벼슬살이에 대한 회한으로 끊임없이 고향 진주로 돌아가려고 했던 그의 심정을 표현했다는 견해가 제시된다. 국보나 보물로 지정돼 있지 않다.

고사관수도 그림
왼편의 인재仁齋**라는 글씨의 도장**

인재는 강희안의 호이다. 도장은 그림을 강희
안의 작품으로 규정하는데 결정적 역할을 해
왔다.

부흥을 일으킨 주역이었다. 물려받은 막강한 재력을 바탕으로 중국의 고서화를 대거 수집했으며 그가 인왕산 자락의 수성동 계곡에 지은 별장 비해당仁懈堂은 당대 명사들이 모여 문학과 예술을 논하는 문화살롱 역할을 했다.

안평대군이 1447년(세종 29) 꿈속에서 본 이상향의 모습을 안견에게 그리도록 해 완성한 것이 바로 몽유도원도이다. 몽유도원도에는 안평대군 자신을 포함해 김종서, 신숙주, 박팽년, 성삼문, 정인지, 서거정, 이개 등 최고의 학자 21명이 찬시를 적었다.

동시대 작품인 고사관수도 역시 화격이 뛰어날 뿐만 아니라 한국회화사에서도 매우 중요한 작품으로 인식돼 왔다. 단행본 도서 크기의 작은 그림이지만 중국 명대 초기 '원체院體'(남송대 유행한 그림체로 근경을 강조하면서 굴곡이 심한 나무, 도끼로 찍어낸 듯 처리한 산과 암벽이 특징)와 '절파浙派'(명대 초기 절강성에서 유래했으며 거칠고 짙은 먹의 표현과 흑백의 대조, 동적 묘사를

**이경윤 필 산수인물화첩 中
고사탁족도**高士濯足圖

세로 31.2cm×가로 24.9cm

16세기 후반~17세기 전반. 고려대
박물관 소장. 마찬가지로 속세를
벗어나고자 했던 강한 갈망을 표현
한 이 그림도 아직 국가문화재로
지정돼 있지 않다.

위주로 한 그림체) 화풍의 수용 과정을 편년하는 절대적 기준작으로 평가
된다.

고사관수도에서 근경 위주의 구도는 원체화의 전형적인 경향이며
거친 붓으로 먹을 강하게 사용한 것은 절파적 색채이다. 그러면서도
중국의 화풍을 벗어나 한국화된 필치를 보여주고 있어 주목된다. 고
사관수를 주제로 한 중국 작품은 전해지는 것이 없으며 서정적이고
사색적인 분위기, 문기 넘치는 화면 구성 등도 중국회화에서는 발견

되지 않는다.

이 그림을 그린 강희안(1417~1464)은 안견과 함께 조선전기 회화를 대표하는 화가로, 시와 글씨, 그림에서 모두 뛰어나 '3절絶'로 불렸던 인물이다. 강희안은 경상도 진주에서 태어났지만 그의 집안은 최고 명문가였다. 할아버지 강회백(1357~1402)은 고려 공양왕 때 이조판서, 조선 건국 후 계림부윤·동북면 도순문사를 지냈다. 아버지 강석덕(1395~1459)은 정2품 지돈녕부사 벼슬을 했다.

무엇보다 외가가 막강했다. 어머니 청송 심씨는 세종대왕의 부인인 소현왕후 심씨의 바로 아래 동생이다. 따라서 강희안은 세종대왕의 처조카이자 세조, 안평대군과는 이종사촌 지간이었던 것이다. 그의 동생 강희맹(1424~1483)도 현달해 종1품 좌찬성을 했으며 문장가로서 이름을 떨쳤다.

강희맹이 조부 강회백, 부친 강석덕, 형 강희안의 행장과 시문을 엮은 〈진산세고晋山世稿〉에 강희안의 행적과 생각을 읽을 수 있는 시가 여러 편 실려 있다. 강희안은 3절로 명성이 자자했지만 재능이 제일 먼저 드러난 것은 그림이었다. 그의 시에서도 "어려서는 시흥이 모자라 오로지 그림만 배웠다小乭詩情只學畫"고 말하고 있다.

강희안이 그림에서 소질을 발휘했던 것은 이종사촌인 안평대군의 영향이 절대적이었을 것이다. 강희안 집안과 안평대군은 관계가 돈독했다. 아버지 강석덕이 문화살롱 비해당의 맴버 중 한 명이었다. 실제 그는 안평대군의 주도로 완성된 몽유도원도에 찬문을 쓰기도 했다. 강희안 역시 비해당을 출입하면서 안평대군이 수집한 중국의 당, 송, 원대 최고 화가들의 명화를 섭렵했을 것이고 이를 통해 그림 실력을 키웠을 것으로 쉽게 추정할 수 있다.

이렇게 배운 그의 그림 실력은 독보적이었다. 강희맹은 형의 그림을 평가하면서 "외형의 묘사도 누에고치처럼 섬세하지만描刑寫肉蚕樣密, 내면의 골격까지 형보다 잘 그리는 경우는 거의 본 적 없다네畵骨於兄幾見一" 라고 극찬했다.

몽유도원도에 찬시를 적은 명사들은 모두 안평대군의 사람이었지만 세조의 왕위찬탈 사건인 계유정난을 맞아 서로 전혀 다른 길을 가게 된다. 안평대군과 성삼문, 박팽년 등은 단종을 지키려다 목숨을 잃었고 정인지, 신숙주는 세조의 편에 서서 출세가도를 달렸다.

강희안은 사육신과 가까웠다. 1456년(세조 2) 단종복위사건이 실패로 돌아가고 주모자인 사육신 등 70여명이 참혹한 화를 당할 때 강희안도 역적으로 몰려 신문을 받았다. 대간들이 상소를 올려 그를 처벌하라고 세조를 몰아 세웠다. 대간들은 "강희안은 역당의 괴수 이개가 '인심이 흉흉하다'고 한 말을 듣고도 모른 체하였으며 (역당들이) 모여서 모사할 때에도 참석하였다'고 주장했다.

그러나 세조가 그의 재주를 아껴 비호했다. 그리고 오히려 조정의 중책을 맡겼다. 강희안은 사건이 있던 그해 음력 12월 정3품 당상관의 첨지중추원사를 시작으로 호조참의, 황해도 관찰사, 명나라 사은부사, 이조참의, 중추원부사 등에 제수됐다.

그러나 마음 한구석에는 처참하게 죽은 문우(文友)들과 함께 하지 못한 죄책감, 벼슬살이에 대한 깊은 후회와 회한이 자리하고 있었을 것이다. 〈진산세고〉에 수록된 그의 시는 끊임없이 고향으로 돌아가려는 강한 망향의 번민을 토로하고 있다.

"…청천(진주) 옛집에는 남은 밭이 좀 있으니靑川舊宅餘千畝, 가고 싶은 마음 해마다 꿈에 나타나네欲去年年入夢中."

"늙은 몸이 십년 벼슬살이에 매여 있으니十載龍鍾繫宦游, 꿈속에서나 고향의 가을 숲에 발 뻗고 누울 수밖에夢中長臥故園秋…"

"부질없는 명성과 굴레를 벗어나고자 함은浮世名韁欲早辭, 고향의 아름다운 곳 달려가 시 읊으려는 것이니故鄕佳處越吟詩…"

고사관수도도 이들 시와 마찬가지로 벼슬살이를 과감히 청산하지 못하는 현실과 이상의 갈등을 표현하고 있는 것이라는 분석이다.

강희안이 그토록 돌아가기를 염원했던 고향은 어디일까. 조부 강회백은 '진양(진주)의 움막집을 그리워하다憶晉陽茅廬'는 제목의 시에서 "촉석루 서쪽 맑은 시내가 둘러있는 대울타리 움막집(초가집)"이라고 적었다. 강희안의 생가는 촉석루 서쪽의 남강 변에 있었던 것이다.

강희안은 조상대부터 살았고 자신의 어린 시절 추억이 서린 진주의 강가로 돌아가기를 염원했던 것이다. 배경에 절벽이 있고 선비의 앞에 바위가 놓여 있다는 점에서 고사관수도의 구체적인 장소가 생가에서 멀지 않은 촉석루 앞 의암義巖일 것이라는 의견도 제시된다. 의암은 임진왜란 때 의기 논개가 적장을 껴안고 투신한 것으로 널리 알려진 그 바위이다. 따라서 고사관수도 그림 속 주인공은 바로 진주가 고향인 강희안 자신이었던 것이다.

강희안의 호는 인재仁齋다. 그림 왼편의 인재 백문방인白文方印(흰 글씨

강희안 필 고사관수도의
실제 배경으로 추청되는
진주 촉석루 앞 의암

사진 배한철.

의 네모난 도장)은 지금까지 이 그림을 강희안의 작품으로 규정하는 데
결정적 역할을 해왔다.

　　그러나 일각에서는 고사관수도가 강희안이 활동하던 15세기 중
반 작품이 아니라 후대인 16세기 중반 이후 제작됐을 것이라는 주장
도 한다. 화면상단에 보이는 거대한 바위와 덩쿨, 화면 하단의 삼각
형 모양의 바위와 갈대의 표현 등은 16세기 중반 중국에서 유행하던
'광태사학파'狂態邪學派'(절파 후기 양식으로 붓을 마구 휘두르는 강렬한 필체의 기법)의
영향이라는 것이다. 도장이 찍힌 부분의 종이와 전체 종이 질이 다른
것도 석연찮다는 주장도 제기된다.

　　〈진산세고〉는 1998년 보물이 됐지만 고사관수도는 아직 국가문화
재로 지정돼 있지 않다.

진짜 호랑이도 울고 갈
용맹한 호랑이 그림

호랑이도 3점

"경상도에 호랑이가 많아 지난해 겨울부터 금년 봄에 이르기까지 수백 명이 호랑이에게 물려 죽었습니다. 해안가 군현의 사람들은 피해가 더욱 심해 길을 갈 수 없을 지경이온데…"

1402년(태종 2) 음력 5월 2일 실록에 의하면, 삼남에 파견됐던 대호군(종3품 무관) 김계지는 임금에게 경상도 지방의 호랑이 피해상황을 아뢴다. 김계지는 "밭을 갈고 김을 맬 수조차 없다"고도 했다. 보고를 들은 태종은 경상도 관찰사, 절제사에게 명했다. "이제부터 단 한 사람이라도 호랑이에게 상하는 자가 생긴다면 너희를 벌주겠노라."

우리나라는 국토의 4분의 3이 산으로 이뤄져 일찍부터 호랑이가 많이 서식했다. 호랑이의 보호색은 드넓은 초원보다는 수목이 우거진 우리나라에 적합했던 것이다. '인왕산 호랑이'라는 말도 있듯 산으로 둘러싸인 서울 도성에도 호랑이가 수시로 출몰해 인명을 살상했다. 인조 4년(1626) 음력 12월 17일 실록은 "인왕산에 호랑이가 나타나 나무꾼을 잡아먹고 이어 인경궁(광해군이 서촌 일원에 지었던 궁궐) 후원으로 넘어 들어왔다"고 언급한다.

호랑이는 대궐이 제 집인 양 보금자리를 틀기도 했다. 선조 40년(1607) 음력 7월 18일 실록은 "창덕궁 안에서 어미 호랑이가 새끼를 쳤는데 그 새끼가 한두 마리가 아니다"라고 쓰고 있다.

실록에는 기우제를 지내면서 호랑이 머리를 강에 담갔다는 내용도 자주 등장한다. 한강, 양진(楊津), 박연(朴淵) 등 주로 용이 물속에 웅크리고 있다고 믿었던 장소들이다. 이곳에 호랑이 머리를 던져 넣으면 호랑이가 용이 승천하도록 자극해 비를 뿌리게 한다고 생각했다.

그 많았던 호랑이는 조선후기 개체수가 급감한다. 조정에서 전문 군대인 착호갑사를 동원해 매년 수백 마리의 호랑이를 잡았고 또한 땔감을 구하기 위한 대대적인 벌목으로 서식지가 줄어든 게 원인이다. 도성의 호랑이 출몰을 꼼꼼하게 적고 있는 실록에도 1868년(고종 5) "북악산 윗 봉우리에서 3마리, 수마동(홍은동 일대)에서 2마리를 잡았다"는 기록 이후로 호랑이 관련 기사가 나타나지 않는다. 이어, 일제강점기 해수구제 명분으로 진행된 대규모 남획과 3년간 한반도를 초토화한 한국전쟁으로 호랑이는 한반도에서 완전히 자취를 감추게 되는 것이다.

'백수의 제왕' 또는 '산중군자'로 불렸던 호랑이는 우리 민족과 깊은 관계를 맺어왔다. 한민족 문명의 시작을 알리는 단군신화가 호랑이와 곰 이야기로 시작하는 것을 모르는 사람은 없다. 현대에 와서도 88올림픽의 마스코트가 귀여운 모습의 호돌이였다. 호랑이는 신통력을 지닌 영물로서 외경과 신앙의 상징이었으며 집과 무덤을 사악한 잡귀로부터 지켜주는 벽사의 동물이었다. 무자비한 포식자로서 공포의 대상이었지만 유독 우리는 호랑이를 친근한 존재로 인식했다. 민화, 일상의 생활용품, 장식품 등에서의 호랑이는 곰방대를 물고 있는 익살스러우면서도 인간미 넘치는 친구 같은 존재였다.

호랑이는 위엄을 갖춘 군자를 뜻하기도 했다. 18세기 호랑이가 산에서 걸어 나오는 장면을 묘사한 '출산호出山虎' 그림이 풍미했다. 전통 문인화의 화풍을 계승한 감상용 호랑이도였다. 주역周易은 호랑이가 몸을 감추고 털갈이를 한 후 변신한 모습을 대인군자가 뛰어나고 훌륭한 면모를 이룬 것에 비유한다. 출산호도에서 은신처에서 나오는 호랑이는 세상을 바로잡기 위해 숨은 군자가 등장하는 것을 의미했던 것이다. 군자의 상징은 대나무와 소나무를 함께 그려 호랑이의 굳센 지조를 부각시키고 있다. 그러면서도 폭력적인 이미지는 드러내지 않고 호랑이의 고고한 자태와 근엄함만을 강조하는 게 특징이다.

출산호 유형의 작품이면서 아주 뛰어난 호랑이 그림이 3점 전한다. 단원 김홍도(1745~?)의 작품인 '송하맹호도', '죽하맹호도'와 작자 미상의 '맹호도'가 그것이다.

세 작품 중에서는 소나무 아래의 용맹한 호랑이를 표현한 송하맹

송하맹호도

세로 90.4cm × 가로 43.8cm

18세기 후반. 삼성미술관 리움
소장. 호랑이 그림은 18세기 호
랑이가 지조 있는 군자로 인식되
면서 크게 유행했다. 호랑이 그
림 중 걸작이다.

호도는 각종의 그림에 뛰어났던 김홍도의 솜씨를 잘 확인할 수 있는 명작이다. 조선 사람들이 생각했던 호랑이의 위엄과 미덕을 화원 양식으로 정교하고 생생하게 형상화한 조선 호랑이도의 이상적인 전형을 보여주고 있다.

오른쪽 상단에 '표암이 소나무를 그리다豹菴畵松'는 글씨로 미뤄 호랑이는 김홍도가, 소나무는 스승인 강세황이 그린 것으로 전해져 왔지만 글씨가 졸필인 데다 소나무 역시 강세황의 화풍과 차이가 있다. 글씨는 후대에 쓰여진 것으로 추정되며 소나무 그림의 경향은 김홍도의 벗으로서 도화서 화원이었던 이인문(1745~?)과 유사해 그의 솜씨인 것으로 짐작한다.

그림은 전체적으로 완성도와 품격이 높다. 민첩하지만 침착한 호랑이의 형상은 위풍당당하다. 호랑이는 무언가 발견한 듯 순간 정지한 자세로 정면을 응시하고 있다. 머리를 무겁게 내리깔고 앞발을 조심스럽게 내딛고 있지만 위로 잔뜩 휘어져 올라간 허리, 힘차게 뻗어 있는 털은 당장이라도 먹잇감을 향해 달려들 것만 같은 팽팽한 긴장감을 자아낸다. 작은 붓으로 털 한올 한올을 꼼꼼하게 그려 육중하면서도 유연한 호랑이의 움직임을 실감나게 표현하고 있다. 화면 위를 장식한 노송의 기상도 호랑이 못지않다. 노송과 호랑이의 꽉찬 구성, 정교하게 분할된 여백 등 구도도 완벽하다.

죽하맹호도는 김홍도가 호랑이를, 중인 출신 문인화가 임희지(1765~?)가 대나무를 그린 합작품이다. 대나무 아래에서 꼬리와 등을 세워 고개를 틀고 있는 호랑이의 자태를 섬세하게 잡아내고 있다. 임희

지는 호방하고 과감한 필치
의 묵으로 바위를 뚫고 뻗
어난 대나무를 힘차게 묘사
하고 있다.

　죽하맹호도의 호랑이는
송하맹호도와 쌍벽을 이룬
다. 다만 송하맹호도의 호
랑이는 근엄한 표정이지만
죽하맹호도는 옅은 미소를
짓고 있다. 죽하맹호도는
호랑이에 비해 대나무가
다소 비대하다. 그림 우측
상단에 조선후기 문신 황
기천(1760~1821)의 감상이
쓰여져 있다. "세상 사람들
은 간혹 호랑이를 그릴 때
개처럼 비슷하게 될까 걱
정한다. 이 그림은 도리어

죽하맹호도 　세로 91.0cm×가로 34.0cm
18세기 후반. 개인 소장.

진짜 호랑이가 자괴감을 갖게 한다. 조선의 서호산인 김홍도가 호랑이, 수월옹 임희지가 대나무를 그리고, 능산도인 황기천이 평을 한다 世人罕畵虎憂狗之似. 此幅却令眞虎自愧. 朝鮮西胡散人畵虎, 水月翁畵竹, 菱山道人評."

감상평처럼 진짜 호랑이가 열등감을 느낄 것처럼 그림은 사실적이다. 왜관을 통해 일본에 수출됐던 작품으로, 1978년 우리나라로 다시 돌아왔다.

마지막으로 아무런 뒷배경 없이 호랑이만 담은 맹호도이다. 소리 없이 지나가던 호랑이가 갑자기 방향을 틀어 앞으로 걸어 나오고 있다. 심사정(1707~1769)의 호인 현재玄齋 낙관이 있어 작가가 심사정일 것으로 추정됐지만 낙관 위에 쓰인 갑오의 연도는 1714년 또는 1774년이어서 심사정의 활동 연대와 달라 작자 미상으로 분류됐다. 오른쪽 상단에 작품의 느낌을 적은 제발이 있다.

"용맹스럽게 이를 가니 누가 감히 맞서겠는가, 동해 늙은 황공은 시름이 이니, 요즈음 제멋대로 횡포를 부리는 자들, 이 짐승과 똑같은 줄 누가 알까獅猛磨牙孰敢逢, 愁生東海老黃公, 于今跋扈橫行者, 誰識人中此類同."

광복직후인 1946년 미군이 일본인에게 압수했으며 이후 골동상을 거쳐 덕수궁박물관의 소유가 됐다. 완성도나 사실적인 측면에서 앞의 두 작품에는 못 미친다는 견해도 있지만 고양이를 연상케 하는 장난끼 가득한 표정은 친밀감을 준다는 평가이다. 마찬가지로 맹수의 특징을 능숙하게 잡아내고 있다. 1970년대 초 '한국명화 근대 오백년 전'에 출품돼 찬사를 받았고 국립중앙박물관 도록의 표지를 장식하기도 했다. 세 작품 모두 국보나 보물로 지정돼 있지 않다.

맹호도

세로 96.0cm×가로 55.1cm · M번 67

18세기 후반. 국립중앙박물관 소장.
한국을 대표하는 명화로 여러 전시
회에 소개된 작품이다. 호랑이가
장난끼 가득한 고양이 얼굴을 하고
있다.

조선호랑이는 멸종됐지만 여전히 그림 속에서 살아서 눈을 부릅
뜨고 노려보고 있다.

5부

지존의 삶,
절대 군주의 자취

550년간 기적처럼 살아남은
피의 군주 얼굴

세조어진 초본

임금의 초상화인 어진御眞은 전해지는 것이 많지 않으며 무엇보다 임진왜란 이전의 어진은 극히 드문 실정이다. 그런데 1469년(예종 1) 처음 봉안된 이래 수차례의 국가적 전란, 화재, 분실 등 숱한 위기 속에서도 550여 년간 전해져온 어진이 있다.

'피의 군주'로 잘 알려진 조선 제7대 세조의 어진(고궁2685)이다. 엄격히는 어진을 그리는 바탕그림인 초본草本이다. 세조어진이 지금까지 남아있게 된 과정은 기적이라고 해도 과언이 아니다.

소장처인 국립고궁박물관 등의 조사에 따르면, 세조(1417~1468·재위 1455~1468)의 사망 후 특이하게 대궐 안과 밖에 2개의 어진 전각이 건립됐다. 1469년(예종 1) 음력 9월 3일 세조실록은 "영창전과 숭은전에

세조어진 초본 일부

1935년 모사. 국립고궁박물관 소장.
세조어진이 국가적 전란, 화재, 분실
등을 겪으면서 지금까지 남아 있는
것은 기적과도 같다.

세조 어진을 봉안했다"고 서술한다.

영창전은 경복궁 내 설치된 전각으로 1468년 11월 28일 세조의
시신을 왕릉에 매장한 후부터 1470년 음력 12월 16일 종묘에 신위를
옮기기 전까지 신위와 어진을 모신 혼전魂殿이었다. 숭은전(성종 때 봉선
전으로 변경)은 남양주 진접읍 소재 봉선사에 마련된 진전眞殿이었다. 봉
선사는 세조의 아내 정희왕후가 남편의 무덤인 광릉 옆에 세운 원찰
이다.

이처럼 세조 이전에 궁궐 아닌 곳에 왕의 사당, 즉 외방 진전을 지

무관의 국보

은 것은 조선을 건국한 태조 이성계가 유일했다. 태조의 경우 전국 5곳에 외방 진전을 설치했다. 세조는 어린 조카인 단종의 왕위를 찬탈하고 많은 신하를 죽인 정당성이 결여된 집권 과정을 두고 세간에서 부정적 인식이 적지 않았다. 그런데도 재조再造의 공덕이 인정돼 건국 시조에 붙여지는 '세조世祖'란 거창한 묘호가 올려졌다. 예종은 "왕실을 위협하는 무리를 제거하고 이징옥·이시애 난을 평정해 종사의 중흥을 도모했다"며 신하들의 반대를 물리쳤다. 그러면서 태조의 전례에 따라 외방 진전을 뒀던 것이다.

4년 후 또 하나의 세조어진을 제작한다. 1472년(성종 3) 왕의 명령에 의해 세종비 소헌왕후, 예종 등의 어진과 함께 만들어져 경복궁 선원전에 봉안했다. 어진을 모사模寫하면 종전 어진은 물에 씻어 폐기했고 그냥 상자에 넣어 파묻기도 했다. 신주를 종묘에 안치한 후 영창전이 철거되면서 영창전 어진도 폐기되고 선원전 어진을 새로 그렸을 것으로 짐작된다. 선원전 어진들이 임진왜란의 발발로 경복궁이 전소하면서 모두 불타 버리고 마찬가지로 선원전 세조어진도 같이 사라졌다.

임진왜란 때 봉선전의 세조어진도 없어질 위기에 빠졌지만 극적으로 구조된다. 1593년(선조 26) 음력 3월 16일 실록에 의하면, 세조의 무덤인 광릉까지 쳐들어 온 왜군은 세조영정을 찾아내 폐기처분하려고 했다. 봉선사의 승려 삼행이 나서 애걸해 겨우 보전한 뒤 절의 은밀한 곳에 숨겼다. 그러나 이번에는 왜군이 광릉 숲에 불을 질러 봉선사 전체가 위험에 처하게 된다.

세조어진 초본 전체

1935년 모사. 국립고궁박물관 소장.

세로 186.5cm×가로 131.8cm·고궁 2685

이 소식을 전해 들은 광릉참봉 이이첨이 개성 행재소行在所(별궁)에서 봉선사로 황급히 달려왔다. 삼행을 찾아 영정을 인계받는데 성공한 이이첨은 숲속을 헤치고 적의 진영을 두 곳이나 뚫으며 하룻밤에 90리를 걸어 간신히 개성에 당도했다. 이이첨이 어진을 모셔오자 선조는 너무 기쁜 나머지 백관을 거느리고 5리나 나와 맞았다. 이이첨(1560~1623)은 이날의 공으로 선조의 총애를 한 몸에 받았고 광해군 즉위 후에는 대북파의 선봉에 서서 무소불위의 권력을 휘두르게 된다. 전국에 분산 보관됐던 태조어진도 전쟁에서 무사했 듯 외방 진전에 있던 세조어진도 우여곡절은 있었지만 전쟁의 참화를 극복할 수 있었던 것이다.

이후 봉선전 세조어진은 태조어진과 더불어 묘향산 보현사 별전으로 옮겼다가 1619년(광해군 11) 남별전南別殿(현재 서울 중부경찰서 자리의 전각으로 영정을 모셨던 건물)에 자리했다. 세조어진의 시련은 여기에 그치지 않았다. 1624년(인조 2) 이괄의 난으로 왕이 공주까지 피신하면서 남별전의 세조어진도 따라 내려갔다가 되돌아왔다. 1636년(인조 14)에는 병자호란이 일어나 강화도로 이전했지만 강화가 청나라에 함락되는 과정에서 자취를 감춘다. 세조어진은 뜻밖에 이듬해 일부 찢겨진 상태로 성 밖에서 발견돼 수리를 거쳐 남별전에 다시 봉안된다. 남별전은 1690년(숙종 16) 영희전으로 명칭이 바뀐다. 세조어진은 1735년(영조 11) 세월이 오래돼 종이가 해지고 그림이 흐려져 모사가 이뤄졌다.

세조어진을 포함해 영희전 어진은 1908년 경운궁 선원전으로, 1921년에는 창덕궁 신선원전으로 각각 옮겨졌다. 그렇게 해서 1935

세조어진 모사
국제문화사 · 1978

1935년 마지막 어진 화사인 이당 김은호
화백이 세조어진을 모사하고 있는 모습.

년 이전까지 창덕궁 신선원전에는 총 46본의 어진이 봉안돼 있었다. 1935년 두 본인 다른 어진과 달리 세조와 원종(인조의 생부) 어진은 한 본 뿐이어서 추가본이 필요하다는 문제의식에 따라 각각 한 본이 더 그려졌다. 1936년 발간된 한국학중앙연구원 장서각 소장 〈선원전영정모사등록瑠源殿影幀摹寫謄錄〉은 1935년 4월부터 1936년 1월까지 신원전의 세조어진과 원종어진을 모사한 사실을 기록하고 있다. 이왕직(일제 강점기 대한제국 황족 의전 및 관련 사무를 담당하던 기구) 주전과의 의뢰로 이당 김은호(1892～1979)가 어진을 모사했다.

국보 태조어진

세로 218cm × 가로 150cm

1872년 모사. 전주 경기전 소장. 세조어진은
태조어진과 세부 묘사나 구도가 흡사해 조선
전기 어진의 특징을 잘 간직하고 있는 것으로
확인된다.

5부 지존의 삶, 절대 군주의 자취

창덕궁 신선원전에 봉안된 어진 일체는 한국전쟁을 피해 부산으로 이사 갔다가 중구 동광동 소재 부산국악원 창고에 보관되던 중 1954년 12월 26일 성탄절 다음날 발생한 대화재로 거의 대부분 불타버렸다. 불행 중 다행으로 김은호는 세조어진 모사 당시 사용했던 초본을 소유하고 있었다. 김은호의 세조어진 초본은 1969년 5월 14일자 언론에 소개가 되기도 했다. 하지만 그의 사후 자취를 감춘다. 그의 유작 · 유품 상당수가 개인들에게 매각돼 세조어진 초본도 함께 팔렸을 것이라는 추측만 제기됐다.

그러다가 37년의 세월이 흐른 2016년 느닷없이 서울옥션이 진행한 고미술 경매에 모습을 드러냈고 이를 국립고궁박물관이 구입해 소장하고 있다. 초본은 가로 131.8㎝, 세로 186.5㎝ 크기의 대형 그림이다. 얼굴은 비만형이며 입이 작게 묘사돼 있다. 수염이 전체적으로 빈약하며 턱수염은 듬성듬성하다.

세조어진초본을 국보 태조어진(전주 경기전 소장)과 비교해 보면 많은 공통점이 확인된다. 둘 다 익선관을 쓰고 곤룡포를 입은 채 정면을 바라보는 전신 좌상이다. 소매 속의 두 손을 가운데로 모은 공수자세와 발을 두는 받침대인 족좌대 위에 발을 올려놓은 방식도 닮았다. 곤룡포를 보더라도 소매가 좁고 주름이 많으며 어깨의 각진 표현, 주름, 좌우의 트임 처리가 흡사하고 가슴과 어깨를 장식하는 오조룡五爪龍문양의 구도, 옥대의 묘사까지 일치한다.

바닥에 깐 카펫의 일종인 채전彩氈 장식도 동일하다. 세조어진 초본은 무늬가 대부분 생략돼 있지만 족좌대 옆으로 완성된 채전을 보면

무관의 국보

태조어진의 것처럼 여덟 개의 여의두(고사리 모양의 장식) 문양을 원형으로 두르고 그 안에 세 줄의 동심원을 그린 뒤 중심에는 여덟 잎의 꽃무늬를 배치하고 있다.

초본은 미완성작일 가능성이 제기된다. 곤룡포를 장식하고 있는 문양 등은 완성도가 높지만 눈썹은 가늘고 흐릿한 필선으로 형태만 나타냈고 이목구비도 윤곽만 단순하게 표현돼 있다. 채전은 직사각형과 대각선만 그려놓고 있으며 족좌대도 왼쪽 발 근처에만 문양이 화려하게 들어가 있다. 조선시대에는 어진의 초본도 엄격한 심사를 받아야 했지만 김은호가 작업할 당시인 일제강점기에는 그러한 절차를 수행할 여건이나 의지가 부족했을 것으로 추측된다.

비록 1935년 작품이며 완성품이 아닐 수도 있지만 15세기 어진의 양식적 특징이 잘 반영돼 있을 뿐만 아니라 희귀한 조선전기 어진의 하나라는 점에서 가치가 매우 높다 하겠다.

일본 최고 실력자 사당에 걸린
효종의 친필 글씨

조선왕 어필

1642년(인조 20) 일본 막부는 조선에 도쿠가와 이에야스의 사당인 닛코 토쇼구東照宮에 게시할 어필御筆(임금의 필적)을 청했다. 조선 조정은 "감히 존엄한 어필을 국외로 보낼 수 있냐"며 선조의 서자 의창군 이광(1589~1645)에게 대필토록 했다. 일본은 1651년(효종 2)에도 사망한 제3대 막부 도쿠가와 이에미쓰의 사당인 다이유인大猷院에 걸어둘 어필을 또다시 요청해 왔다. 그러자 이번에는 효종이 친히 '영산법계 숭효정원靈山法界 崇孝淨院' (신령한 불법의 세계에 있는 효를 숭상하는 정결한 집)을 써줬다. 이 어필은 현재 닛코시 최대 사찰인 린노지輪王寺가 보관하고 있다.

당시 일본에서는 임진왜란 이후 조선에서 전래된 성리학이 막 꽃피우기 시작했다. 그들은 조선의 성리학을 동경하면서 조선 임금의

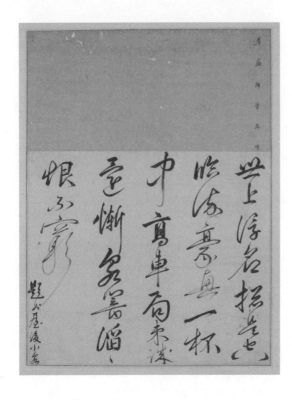

보물 효종어필 칠언시

세로 43.6cm × 가로 50.9cm

17세기 전반. 국립중앙박물관
소장. 칠언시 제어옥후소천(題於
屋後小泉)이다. 효종어필 중 이 글
씨가 가장 크며 행초를 섞어 자신
감 있게 썼다.

어제御製(임금이 지은 글)와 어필을 최고 보물로 여겼던 것이다.

절대 권력을 쥔 왕조시대 임금은 늘 주색에 빠져서 살았을 것 같
지만 오히려 일반 사대부보다 더 열심히 학문에 전념해야만 했다. 시
문은 물론 글씨, 그림에서도 그들을 능가해야만 한다고 생각했다. 그
래야만 왕으로서 권위를 세울 수 있다고 여겼던 것이다. 5대 문종
(1414~1452·재위 1450~1452)은 묘호에 걸맞게 문장과 글씨 솜씨가 걸출
했다. 중종 때 권신 김안로(1481~1537)의 〈용천담적기龍泉談寂記〉는 "상감

(문종)이 해서법에 정통하여 굳세고 힘차고 생동하는 기운이 진인(중국의 서예가 왕희지)의 오묘한 경지에 이르렀으나 다만 석각 몇 본만이 세상에 전할 뿐"이라고 안타까움을 토로했다.

문종은 시에도 조예가 깊었다. "상감이 동궁으로 있을 때 희우정(마포구 합정동에 있던 정자)에 거둥하여 금귤을 한 쟁반 내왔다. 그 귤을 다 먹자 쟁반에 시가 적혀 있었으니 곧 상감이 친히 쓰신 것이다. '물씬 물씬 향내는 코가 싱그럽고, 살살 녹는 단맛은 입에 착착 붙는다'는 시와 글씨가 모두 세상에 뛰어난 기이한 보배인 지라…"〈용천담적기〉

9대 성종(1457~1494·재위 1469~1494)도 다재다능했다. 〈용천담적기〉는 "성종의 글씨는 아름답고 고우면서도 단정하고 정중하여 조송설(원의 서화가 조맹부)의 정신을 그대로 옮겨왔다. 가끔 붓장난으로 소품을 그리기도 했다. 이는 모두 하늘이 내린 재능이요, 번거롭게 배우고 익혀서 그 묘한 경지에 이른 것이 아니었다. … (중략) … 그것을 얻는 자는 비단으로 꼭꼭 싸서는 좋은 보배보다 더 귀중히 여겼다"고 했다.

성종의 글씨는 최고의 명필이었던 안평대군과 비슷해 사람들이 헷갈려했다. 이긍익(1736~1806)의 〈연려실기술燃藜室記述〉은 "중종께서 일찍이 성세창이 서법을 잘 알고 있으니 대궐에 보관하던 글씨 몇 장을 보내면서 이르기를 '대궐 안에서 성종과 이용(안평대군)의 글씨를 분별하지 못하니 자세히 가려내라'고 명하였다. 이에 성세창이 명을 따라 올렸다"고 했다.

14대 선조(1552~1608·재위 1567~1608) 역시 명필로 이름을 떨쳤다.

선조어필
폭당 세로 134.7cm×가로 53.6cm·고궁 2579

국립고궁박물관 소장. 다양한 시구가 적힌 선조어필 8폭 병풍이다. 선조는 명필이었다.

그의 어필이 다수 전해지는데 필체가 화려한 데다 막힘이 없이 능수능란하다. 특히 난초와 대나무 그림에 조예가 깊었다. 추사 김정희 (1786~1856)는 〈완당집阮堂集〉에서 "엎드려 살펴보니 선조의 어화는 하늘이 내린 솜씨로서 잎사귀 그리는 법과 꽃을 그리는 격조가 정소남 (중국 송나라 화가)과 꼭 같다"고 했다.

16대 인조(1595~1649·재위 1623~1649) 역시 그림에 능했다. 〈연려실기술〉은 "정원군의 장자(인조)가 상감(선조) 앞에서 그림을 그리니 상감이 그 그림을 (신하들에게) 내려주고 이어 품계를 올려주었다"고 했다.

21대 영조(1694~1776·재위 1724~1776)는 긴 통치 기간만큼이나 숱한 글씨를 남겼지만 솜씨가 빼어나다고 하기는 어렵다. 영조는 말년에 많은 현판 글을 적었지만 수준 이하의 것이 많아 신하들의 지적을 받

무관의 국보

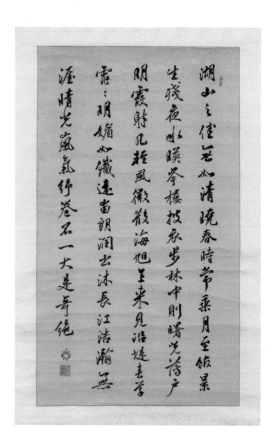

인조어필

세로 91.5cm×가로 53.0cm·고궁 5109

국립고궁박물관 소장. 봄날 새벽
의 맑은 기운과 느낌을 적었다.
송창(松窓)이라는 인조의 호를 나타
낸 도장이 찍혀있다.

았다. 영조는 글씨보다 그림을 잘 그렸다. 〈근역서화징槿域書畫徵〉에 의
하면, 숙종은 연잉군(영조의 왕자 시절)이 그린 선인도仙人圖에 다음과 같
은 시를 남겼다. "눈썹과 눈 어찌 그리도 명랑한가, 칼 빛이 칼집 밖
에까지 환히 보이는구나. 처음 그린 것이 이렇게도 잘 되었지만, 평
소에 한 번도 가르친 적은 없었거늘…"

이 같은 어필은 조선시대 제왕의 품격을 전해주는 상징물로 인식돼 국가적 차원의 최고 보물로 간수됐다. 왕이 새로 즉위하면 선왕에 대한 추모사업의 일환으로 어필 간행 작업을 거행했다. 어필 발간은 왕명에 따라 종친부宗親府가 주도했다. 그 공정은 교서관에서 맡아 당대 최고의 정성과 기술을 집약시켜 제작했다. 어필이 완성되면 왕과 세자에게 먼저 올리고 사고 등 관련 관서와 여러 봉안처에 나눠 간직했다. 이어 전·현직 대신과 종친 등 일반에도 배포됐다.

어필은 그러나 대규모 전란으로 상당수 사라졌다. 조선 조정은 따라서 역대 임금의 자취를 길이 전파시키기 위해 임금들의 어필을 모아놓은 〈열성어필列聖御筆〉 발간의 필요성을 인식한다. 이를 위해 진·헌상을 통해 민간의 어필을 수집했다. 어필 진헌자에게는 관직을 제수하거나 품계를 올려줬다. 그러자 가짜 어필이나 훔친 어필을 올리는 등 폐단이 속출했다. 종친 이홍은 선조의 사위 박미(금양위·1592~1645)의 집에 소장된 선조의 대나무 그림을 훔쳐다 바치기까지 했다.

그렇게 해서 1662년(현종 3) 문종, 세조, 성종, 인종, 명종, 선조, 원종, 인조, 효종 등 9명 임금의 어필집인 〈열성어필〉을 처음 발간했다. 어필이 제일 많은 것은 선조였다. 1662년 열성어필 목판본은 선조어필이 48장이나 된다. 인조는 4장, 효종은 14장이었다. 1671년(숙종 5) 현종, 1722년(경종 2) 숙종, 1725년(영조 1) 경종·태조 어필이 각각 보태졌다. 석판본으로도 제작됐다. 수록 어필은 지속적으로 늘어나 1725년에는 석판본 102면, 목판본 102장이 됐다. 크기도 커져 숙종어필 병풍을 실은 1722년 열성어필은 세로 49㎝에 달했다. 어필의 내용은 당·송시, 어제 시문, 자녀·대신들에게 내린 서찰 등 다양하다. 태조어필은 태조가 태상왕으로 있을 때 후궁 소생의 막내딸 숙신옹주에게 가옥 24칸을 내려주면서 작성한 문서다. 즉위 전 필적도 확인된다. 인조어필은 잠저 시절의 것이고 경종어필은 모두 세자 때 글이다. 순조 때부터는 열성어필 발행의 전통이 끊겼다.

앞선 시기인 고려의 왕 중에서는 태조 왕건(877~943·재위 918~943)이 글씨에 일가견이 있었다. 고려 후기 문신 이규보(1168~1241)의 시문집 〈동국이상국집

정조어필 세로 201.8㎝×가로 73.3㎝·덕수 2371

국립중앙박물관 소장. 정조가 평안도 철옹부사로 임명돼 떠나는 서형수(1749~1824)에게 내린 시이다. 임금과 신하간 정과 이별의 아쉬움을 담았다. 굵고 활달한 필치를 지니고 있으면서도 우아한 면모를 동시에 보여준다.

철종어필
폭당 세로 118.5cm×가로 26.3cm·덕수 6301

국립중앙박물관 소장. '태평하고 아름다운 기운, 사람이 즐겁게 누리니, 상서로운 밝은 일이 날마다 이르네'라는 뜻이다. 정중하고 단아한 느낌의 글씨는 일자무식 강화도령이라는 철종에 대한 고정관념을 허물어버린다.

東國李相國集》은 "임금으로서는 태조, 인종, 명종이 모두 글씨를 잘 썼다. 왕을 품평할 바는 아니기에 자세한 것은 언급하지 않는다"고 했다.

원의 간섭을 뿌리치고 자주국 고려의 위상을 회복한 개혁군주 공민왕(1330~1374·재위 1351~1374)은 우리나라 임금 중 가장 뛰어난 예술

보물 정조 필 파초도

세로 84.2cm × 세로 51.3cm

동국대박물관 소장. 정조는 시와
그림에 능했다. 사진 문화재청.

가였다. 그는 글씨와 그림 모두에서 천재적 소질을 지녔다. 김종직
(1431~1492)은 〈점필재집佔畢齋集〉에서 "안동의 유명한 누각 영호루映湖樓
는 공민왕이 손수 누각 액자의 영, 호, 루 석자를 큰 글씨로 써서 걸
게 하여 지금까지도 기와와 대들보 사이에서 광채가 환히 비치고 있

다"고 썼다. 공민왕은 수많은 그림을 그렸고 그 중 초상화가 으뜸이었다. 그는 윤해, 염제신 등 신하들의 초상화를 직접 그려 선물했다. 조선 성종 때 발간된 지리지 〈동국여지승람東國輿地勝覽〉은 "공민왕이 염제신의 얼굴을 친히 그려주면서 '중국에서 공부했고 성품 또한 고결하니 다른 신하는 비교가 되지 않는다'고 말했다"고 적었다. 공민왕은 자신과 부인 노국대장공주의 얼굴도 자주 화폭에 담았다.

어필 중 국보는 없고 보물로 동국대박물관 소장의 '정조 필 파초도'와 '정조 필 국화도', 서울 은평구 역촌동 소재 '서울 인조별서 유기비仁祖別墅 遺基碑 숙종어필', 국립중앙박물관 소장의 효종어필 칠언시, 경기도박물관 소장의 숙종어필 칠언시, 한국학중앙연구원 소장의 '영조어필-숙빈 최 씨 사우제문祠宇祭文', 수원박물관 소장의 '영조어필-읍궁진장첩泣弓珍藏帖', 국립진주박물관 소장의 '정조어필 칠언율시'와 일부 종가 유물 일괄품에 포함된 어필 몇 점이 있다. 어필과 열성어필 등 어필첩은 국립중앙박물관, 서울대 규장각, 한국학중앙연구원 장서각 등에 다수 소장돼 있지만 국가문화재로 지정돼 있지 않다.

무관의 국보

"미남이지만 비만형…"
중국인이 기록한 고려 임금

고려인종 장릉 출토품

"인종은 용모가 준수하고 몸집은 작지만 자태가 넉넉한 비만형이었다. 천성이 지혜롭고 배운 것이 많으며 매우 엄격하며 사리분별에 밝았다."

고려의 실상을 사실적으로 서술한 〈선화봉사고려도경宣和奉使高麗圖經〉이 묘사하는 고려 제17대 인종(1109~1146·재위 1122~1146)의 외모와 성격이다.

송나라 사람인 서긍은 1123년(인종 1) 고려에 사신으로 다녀간 후 이듬해 이 책을 지어 자신의 황제에게 바쳤다. 중국인이 직접 목격한 인종의 얼굴은 귀공자형으로 뚱뚱했다. 고려왕의 모습을 이처럼 사실적으로 기술하고 있는 국내 문헌은 거의 드물다.

무관의 국보

우리 기록사의 최대 업적인 〈삼국사기〉가 그의 시대에 탄생됐다. 인종의 치세인 12세기 전반은 고려왕조가 탄생한 지 200년이 경과하면서 국가가 성숙 국면에 접어들던 시기이다. 문벌귀족 문화가 절정을 맞으면서 지배계층의 갈등과 대립도 격화됐다. 외척 이자겸의 난, 서경(평양) 천도를 주장한 묘청의 난 등은 극심한 사회적 혼란을 야기했다. 1145년(인종 23) 편찬된 〈삼국사기〉는 그러한 시대 상황의 산물이다. 신라 · 고구려 · 백제 3국의 정치 흥망과 변천사를 통해 분열과 갈등이 국가 멸망의 원인임을 강조함으로써 고려가 당면한 현실을 비판하고 후세에 역사적 교훈을 주려는 취지였던 것이다.

인종은 아버지 예종이 등창으로 죽자 14세의 나이에 왕위를 물려받았다. 인종은 평생 권력다툼에 시달려야 했다. 즉위과정부터 순탄치 않았다. 대방공 왕보, 대원공 왕효, 제안공 왕서 등 왕좌를 탐내는 3명의 숙부가 있었다. 〈고려사〉 '세가' 인종 총서는 "예종의 여러 동생들이 왕이 어리다며 분수에 넘치는 마음을 품었다"고 서술하고 있다.

외조부인 이자겸(? ~ 1126)의 힘을 빌려 가까스로 즉위하지만 이번에는 이자겸이 조정의 실권을 장악해 전횡을 일삼았다. 이에 인종은 1126년(인종 4) 군사를 동원해 이자겸 일파를 제거하려고 했지만 이자겸이 먼저 반란을 일으키고 척준경(? ~ 1144)을 앞세워 궁궐을 불태우는 만행을 저지른다. 이자겸이 인종을 살해하고 스스로 왕이 되려는 음모까지 꾸미자 척준경이 인종의 편으로 돌아서 난은 진압된다. 인종은 이자겸을 죽이는 대신 전라도 영광으로 유배 보냈다. 이듬해에는 척준경도 왕궁을 방화한 데 대해 비판 여론이 들끓자 유배형에 처했다.

우여곡절 끝에 이자겸과 척준경을 숙청한 인종은 국정을 주도하기 위해 서경파를 친위세력으로 삼고 이들에게 힘을 실어준다. 서경파는 서경 출신으로 도참사상에 심취했던 승려 묘청(?~1135)이 이끌었다. 당시 금나라가 부상하면서 고려에 사대를 요구했다. 묘청 일파는 1128년(인종 6) 금나라 정벌을 주장하며 국운 융성을 위해 서경 궁궐 건설과 서경 천도를 추진한다. 그러나 서경 궁궐의 잦은 재앙과 묘청의 과격한 언행, 개경 귀족의 반발로 인종도 마침내 등을 돌린다. 위기감을 느낀 묘청은 1135년(인종 13) 서경을 기반으로 국호를 대위大爲로 삼고 난을 일으킨다. 김부식(1075~1151)은 원수를 맡아 묘청군을 서경성에 고립시키고 난을 진압한다.

인종은 같은 해 김부식 등에게 관찬사서인 〈삼국사기〉를 편찬토록 명한다. 하지만 묘청의 난을 계기로 권력은 또 다시 김부식을 중심으로 한 개경의 문신귀족 세력에 집중되고 이로 인한 모순과 폐단은 의종대 무신정변의 원인으로 작용한다. 고려는 〈삼국사기〉에서 교훈을 얻고자 했지만 불행히도 그러지 못했던 것이다.

인종은 1146년(인종 24) 음력 1월 12일 금나라 사신을 접대하다가 병을 얻었고 앓아누운 지 한 달 보름여 만인 2월 28일 38세로 죽었다. 〈고려사〉는 "도성 남쪽에 장사지내고 능은 장릉長陵이라 하였다"고 썼다.

인종은 어진 임금이었지만 유약해 신하들이 우습게 여겼다. 김부식도 〈고려사〉 '세가' 인종 찬에서 "이자겸이 멋대로 하는 바람에 궁

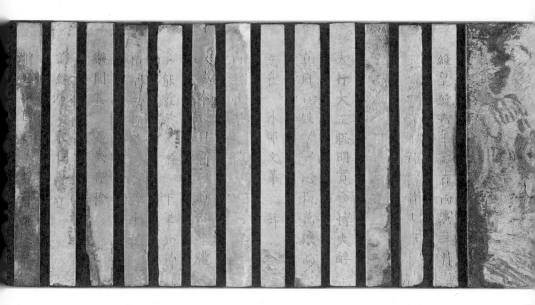

고려 인종 장릉 출토품 中 인종 시책
세로 33.0cm×가로 8.5cm×두께 2.5cm·본관 4250

1146년. 국립중앙박물관 소장.
국내 유일한 고려왕의 시책으로
인종의 시호와 업적 등이 새겨져
있다. 국보·보물이 아니다.

중에 변란이 생겨 유폐되는 욕을 겪었지만 그가 외조부라 하여 곡진
하게도 그 생명을 온전하게 해주었다. 척준경도 잘못한 점은 버리고
공적을 참작해 목숨을 보전하게 하였으니 왕의 도량이 너그럽고 넓
었다 하겠다. 왕이 훙서하자 안팎에서 애도하였으며 금나라 사람들
도 탄식하고 슬퍼하였다. 이에 묘호를 인仁이라 하였으니 마땅한 것"
이라고 적었다.

국립중앙박물관에 그의 시호와 업적 등이 담긴 시책諡冊과 청자, 도
장, 은제 숟가락, 함 등 인종 장릉 출토품이 함께 보관돼 있다.

**무덤 주변의 석물이 무너져 내린
일제강점기 공민왕비릉**

개성시 해선리 소재

사진 국립중앙박물관. 고려 왕릉은 1900년대 초
청자를 노린 일본인들의 도굴 등으로 많은 피해를
입었다. 이로 인해 현재 소재가 파악되는 고려
왕릉은 극히 일부에 불과하다.

이들 유물은 총독부박물관이 1916년 9월 25일 한국도자기 수집
가로 악명을 떨쳤던 구로다 다쿠마黑田太久馬에게서 구입했다. 구로다는
일본 육군대학 교수이자 일본어학자로 한일병합 직전 통감부에 촉탁
으로 근무한 이력을 갖고 있다. 1908년부터 1910년대에 걸쳐 일본인
들에 의한 개성 주변의 분묘 도굴과 고려청자의 유통이 성행했다. 구
로다 역시 개성 왕릉 도굴에 깊숙이 관여했을 것으로 짐작된다.

도굴 등으로 소재가 파악되는 고려 왕릉은 극히 일부에 불과하며
인종 장릉도 위치를 모른다. 따라서 고려왕 시책은 인종시책을 포함

해 현재 국내에 한 점만 전해져 매우 귀하다. 또한 명문에 제작 시기도 명확히 밝혀져 있어 더욱 가치가 높다. 시책은 북한에 한 점이 더 있다. 1978년 북한 사회과학원 고고학연구소가 개성 고남리 소재 양릉陽陵에서 찾아낸 제20대 신종시책이다.

인종시책은 명문을 기록한 책엽 41개와 인물화가 선각으로 새겨진 책엽 2개 등 총 43개 책엽으로 구성돼 있다. 명문 부분의 4개 책엽은 몸통의 일부가 부러져 유실됐다. 시책은 오랜 부식으로 색상이 변했지만 옥석(대리석)을 가공해 제작했다.

각 돌의 옆면 위아래에 구멍이 하나씩 뚫려 있어 금실 같은 끈을 넣어 연결하도록 했지만 끈은 지금 남아있지 않다. 일부 글씨와 선각 인물화의 부식된 표면 아래에 금빛의 색채가 발견돼 원래는 옥책 위의 명문을 따라 화려한 금니(아교에 갠 금가루)를 칠했던 것으로 보인다.

시책은 "황통(금희종의 연호) 6년(1146) 3월 신 현(의종의 이름)이 근검히 두 번 절하며 머릴 들어 옥책을 바칩니다"로 시작하며 초반부(제3~21엽)에는 주로 인종의 덕성과 품성을 설명하고 서경의 난 진압 등 위업을 칭송하고 있다. 중반부(제22~29엽)는 "초조한 마음이 계속 쌓여 큰 병을 남겼다"는 인종의 서거 사유와 이를 당한 의종의 절통한 심정, 기도를 담고 있으며 종반부(제30~42엽)는 시효 '공효대왕恭孝大王'과 묘호 '인종'을 올린다는 내용이다.

제1엽과 제43엽의 인물화는 갑옷 차림에 금관을 쓰고 창을 든 두 신장神將이 41개의 명문을 사이에 두고 마주보도록 배치돼 있다. 이러한 도상은 12세기 전반 송나라 도교미술에서 유래하는 호위신장으로

인종 시책 中 인물상

고려시대 최고의 화가 이녕의 작품이라는
주장이 제기된다.

해석된다. 당대 최고의 왕실 화가는 이녕으로 신장과 시책 제작을 총
괄한 인물도 이녕일 가능성이 제기된다. 이녕은 오세창의 〈근역서화
징槿域書畵徵〉에 그림 솜씨로 송나라 휘종 황제까지 놀라게 했다고 소개
된 고려시대 대표 화가이지만 전해지는 작품은 없다. 신장 선각은 이
녕의 명성에 걸맞게 빼어나다.

'청자 참외모양 화병'(높이 22.8㎝, 입구 지름 8.8㎝, 밑지름 8.8㎝)은 참외 형
태의 몸체에 치마처럼 주름 잡힌 높은 굽다리가 달려 있으며 입구는

인종 장릉 출토품 中 청자합

높이 9.6cm · 본관 4255

국립중앙박물관 소장.

인종 장릉 출토품 中 청자유개잔

높이 3.2cm · 본관 4256

국립중앙박물관 소장. 비색의 유약, 깔끔
한 유면, 단정한 기형 등 아름다운 청자
다. 국보·보물로 지정돼 있지 않다.

여덟 잎의 꽃 모양으로 벌어져 있다. 목 부분에 가로로 세 줄이 음각
되어 있을 뿐 다른 장식은 없다. 이런 양식은 중국 송대부터 유래했
지만 중국 것에 비해 훨씬 우아하고 단정한 곡선과 비례를 보인다.
고려청자 전성기인 12세기 전기에 만들어진 것으로 단아한 형태와
비색의 은은한 유약이 돋보이는 청자 중에서도 최고 작품으로 평가
된다.

　'청자합'은 뚜껑 측사면과 입구, 그리고 몸체 밑 부분으로 연결되

는 주름 무늬가 어긋남 없이 가지런하게 처리됐고 반듯한 뚜껑 윗면의 중심과 가장자리 부분에 음각 기법으로 이중의 원 무늬를 나타냈다. 북송대 경덕진요景德鎭窯 청백자 합에서도 볼 수 있는 기형이지만 이보다 훨씬 세련되고 안정된 형태다. '청자유개잔'은 뚜껑이 있는 원통형 잔으로 마찬가지로 비색의 유약과 잔금 없는 깔끔한 유면, 단정한 기형 등 아름다운 청자다.

불법을 수호하는 사자 두 마리가 앞발로 보주寶珠를 받치고 서 있는 '청동 사자 모양 도장'(높이 7.0㎝, 도장 면 지름 4.5㎝), 용도가 밝혀지지 않은 '청자 받침대'(높이 8.5㎝, 세로 18.3㎝, 가로 15.2㎝), 유골을 넣었을 것으로 추정되는 '청동함'(높이 18.0㎝, 너비 41.8㎝), '은제 숟가락'(32.8㎝) · '은제 젓가락'(24.1㎝)도 인종 장릉 출토품에 포함돼 있다.

이들 중 청자 참외모양 화병만 국보일 뿐 나머지는 국보나 보물로 지정돼 있지 않다.

조선 어보 73점은 어디로

조선왕의 인장

2017년 7월 미국을 방문했던 문재인 대통령은 문정왕후 어보와 현종 어보 등 2과의 어보를 정상회담 성과물로 가져왔다. 대통령은 돌아온 어보를 향해 허리 숙여 절을 했다. 2013년 미국에서 그 존재가 확인됐고 문화재청의 요청에 의해 미국 국토안보수사국이 압수한 것들이다.

앞서 2014년 4월에도 방한한 버락 오바마 미국 대통령이 한국전쟁 때 불법 반출된 황제지보, 유서지보諭書之寶, 준명지보濬明之寶 등 고종의 국새 3과와 어보인 수강태황제보壽康太皇帝寶 1과를 직접 돌려줬다. 또 2019년 2월에는 대군주보(1882년 제작)와 효종어보(1740년 제작)를 재

황제지보皇帝之寶
옥·손잡이 높이 3.3cm×
가로 9.4cm×세로 9.2cm
·고궁 1990

1897년. 국립고궁박물관 소장. 행정문서와
궁중의례에 사용됐다. 불법반출된 것을 2014년
방한한 버락 오바마 전 미국 대통령이 되돌려
줬다.

미교포에게 기증받아 가져왔다. 이들 국새와 어보를 찾은 곳은 공통
적으로 미국이다. 도대체 미국은 무슨 이유로 이를 집중적으로 갖고
있는 걸까.

국새나 어보 모두 '왕의 인장印章'을 말한다. 이 둘은 무슨 차이가
있으며 또한 언제부터 사용됐고 얼마나 제작됐던 걸까.

국새國璽는 외교문서나 행정에 사용했던 도장이다. 국가의 상징이
며 왕위 계승시 선양의 징표인 동시에 외교문서, 교지, 공식문서 등
국사에 사용되던 관인官印인 것이다. 국왕이 각종 행차시 위엄을 나타

무관의 국보

내기 위해 행렬의 맨 앞에서 봉송하기도 했다. 이와 달리 어보御寶는 의례용 도장이다. 왕과 왕비의 여러 책봉의식이 치러질 때 그들의 덕을 찬양하기 위한 존호尊號, 시호諡號, 묘호廟號 등이 올려질 때마다 어보를 제작했으며 사후에는 신위와 함께 모두 종묘에 봉안됐다. 국새와 어보는 조선 국왕과 왕실의 권위를 상징하는 역사성과 진귀함을 인정받아 2017년 '조선왕조 어보·어책'이란 이름으로 유네스코 세계 유산으로 등재되기도 했다.

국새는 역사가 깊다. 국새에 대한 최초의 문헌 기록은 〈삼국사기〉 신라 2대 남해 차차웅 16년(서기 19)조에 실려 있다. 여기에 "북명北溟(강릉)의 사람이 밭을 갈다가 '예왕의 인濊王印'을 주워 임금에게 바쳤다"고 적혀 있다. 예濊는 한반도 동부에 존재했던 고대국가이다. 고구려에서도 165년 7대 차대왕이 시해되자 신하들이 왕의 아들을 놔두고 동생(신대왕)에게 국새를 바쳤다고 〈삼국사기〉는 기술한다. 국새의 전수를 통한 왕위 선양의 전통이 이미 고구려부터 있었음을 알 수 있다.

고려에 들어오면서 외교적 필요에 따라 거란, 요, 금, 원, 명에 책봉과 함께 인장을 받았으며 이 인장이 국새로 통했다. 인장의 글씨는 '고려국왕지인高麗國王之印'이었고 손잡이 모양은 낙타, 거북 두 종류였다. 낙타는 동북방의 민족을 지칭하며 거북은 제후국의 국새에 사용하는 것이어서 사대관계를 반영했다.

역성혁명으로 조선을 건국한 태조 이성계는 사대에 보다 적극적이었다. 그는 즉위년(1392) 명나라에 고려의 국새를 반납하고 새 국새를 내려줄 것을 수차례 청했다. 명은 이를 받아들이지 않다가 태종 3

년(1403) 비로소 '조선국왕지인朝鮮國王之印'이라고 판 금 인장을 보내왔다. 명은 인장의 재료로 금보다 옥을 더 높게 쳐 황제는 옥을 갖고 제후에겐 금 인장을 줬다. 한국 영화나 소설 등의 영향으로 국새를 옥새라고 하는 경향이 있으나 실제 조선왕조실록에는 옥새라는 용어가 전혀 등장하지 않는다. 조선 임금의 인장을 얘기할 땐 국새가 옳은 표현이다.

조선은 명에서 국새를 두 차례 더 받았다. 병자호란 이후에는 대륙의 새 주인이 된 청나라의 국새를 썼고 역시 총 3과를 인수했다.

중국의 왕조는 조선을 낮게 여겨 황제의 인장을 말하는 새璽나 보寶 대신 격이 떨어지는 인印자를 새겼다. 힘이 약해 중국을 상국으로 받들 수밖에 없는 처지였지만 자주적 국가를 굽히지 않아 굴욕적 중국 국새는 대중국 외교문서에만 썼다. 대신 대일본 외교 문서와 국내 통치에 쓰는 국새는 모두 다른 국새를 별도로 만들어 사용했다.

1865년 편찬된 조선의 마지막 법전인 〈대전회통大典會通〉과 1876년 제작된 〈보인소의궤寶印所儀軌〉 등 기록을 살펴보면, 국새는 총 37과가 제작됐다. 최고 권위의 대조선국주상지보大朝鮮國主上之寶, 조선왕보朝鮮王寶를 포함해 일본 외교문서를 위한 소신지보昭信之寶, 왕의 교서와 인사 발령장용인 시명지보施命之寶, 과거 문서에 찍은 과거지보科擧之寶, 왕이 서적을 반포·하사할 때 관련 문서에 이용하는 선사지기宣賜之記 등 종류도 다양했다.

그러다가 갑오경장 때 제후국 시대의 국새는 모두 폐기되고 대한제국 탄생과 함께 황제국의 지위에 걸맞은 황제지새, 황제지보 등을

252
✵
253

무관의 국보

대군주보

은제·높이 7.9cm×가로 9.5cm×
세로 9.5cm·고궁 3669

1882년. 국립고궁박물관 소장. 이전까지 명과
청에서 준 조선국왕지인 국새를 사용했으나
자주국의 위상을 세우고자 대군주보를 만들었
다. 대군주 명으로 발급된 각종 문서에 썼으며
국외로 반출되었다가 2019년 환수됐다.

비롯해 22종의 국새가 새롭게 만들어진다. 대한제국 시기 출간된 〈보
인부신총수寶印符信總數〉에 전체 목록이 망라돼 있다.

　그러나 1910년 경술국치 이후 일본은 조선의 국체를 말살하기 위
해 국새를 모조리 약탈해 갔다. 광복 이후 미군정이 그 중 대한국새
등 9과를 찾아내 우리 정부 대표였던 오세창(1864~1953)에게 전달했
다. 하지만 그나마도 한국전쟁을 거치면서 6과는 분실하고 대원수보,
칙명지보勅命之寶, 제고지보制誥之寶 등 3과만 국립중앙박물관에 남았다.

　고종이 국권 회복을 위해 비밀리에 사용했던 황제지새는 행방을

모르다가 2009년 재일동포에게서 구입해 국립고궁박물관이 보관하고 있다. 이를 포함해 버락 오바마 전 미국 대통령이 돌려준 3과, 2019년 2월 재미동포가 기증한 2과, 성암고서박물관이 소장하고 있는 선사지기(대한제국 이전 국새) 1과 등 현전하는 국새는 총 9과이다.

의례용의 어보는 국새보다 훨씬 수량이 많다. 1555년, 1698년, 1705년, 1909년 각각 작성된 〈종묘등록宗廟謄錄〉을 종합하면, 어보는 총 375과가 만들어졌다. 이 중 정종어보, 태종어보 등 9과는 1909년 〈종묘등록〉에 존재하지 않아 영구분실 가능성이 제기된다. 어보의 상당수는 한국전쟁 과정 중 사라졌다. 한국전쟁 시기 어보들은 종묘에 보관돼 있었다. 전문가들은 한국전쟁 당시 미군들이 종묘에 난입해 훔쳐간 것으로 추정한다. 분실된 상당수가 미국에 있을 것으로 추측되는 이유다. 종묘 출입문 쪽에 위치한 어보들이 집중적으로 없어진 것도 관심을 끈다. 기념품을 챙기려는 미군 병사들이 다급하게 들고 갔을 것으로 짐작한다.

강화도 외규장각에 됐다가 사라진 헌종계비 효정왕후 어보 2과와 문조비 신정왕후 어보 4과는 프랑스에 있을 것으로 짐작된다. 최종적으로 고궁박물관 323과(환수된 5과 포함), 국립중앙박물관 5과, 고려대 2과 등 총 330과는 파악되지만 45과는 행방불명이다.

어보의 재질은 금, 은, 옥, 백철 등이다. 금보의 경우 구리 · 아연합금을 도금해 제작했는데 시대에 따라 아연의 함량이 달라졌다. 아연 함량은 15~17세기 10% 내외였으나 18세기 이후에는 10~30%였고, 19세기에는 아연 함량 20% 이상인 금보가 많이 제작됐다.

문조옥보 바닥(보면)

세로 10.4cm×가로 10.4cm×
높이 9.9cm·종묘 13775

1902년. 어보의 글자수가 116자로 조선
어보 중 가장 많다. 문조(효명세자)의 부인
은 고종을 왕 위에 올려준 신정왕후
조씨이다. 고종은 문조의 혼령에 의지해
국가적 위기를 벗어나고자 했던 것이다.

　　손잡이는 거북형이 대다수이지만 조선후기로 갈수록 특이하게도
거북의 머리가 용두형龍頭形으로 변형된다. 비록 중국의 극심한 견제로
용 모양의 어보를 소유할 수는 없었지만 마음 속으로는 중국과 대등
하다는 인식을 가졌고 이런 의지를 어보에 반영한 것으로 짐작된다.

　　국새와 어보의 크기는 가로, 세로 각각 10cm 정도로 비슷하다. 그
러나 글자 수는 국새가 기껏 4자 정도인 반면 어보의 경우 업적을 기
리는 각종 존호, 시호, 휘호, 묘호가 덧붙여져 훨씬 많다. 1902년 종
묘에 봉안된 효명세자(헌종의 친부, 1809~1830)의 문조옥보는 무려 116
자나 된다. 그의 아내 신정왕후(1808~1890) 옥보 역시 62자다. 문조옥
보와 문조비 신정왕후 옥보를 올린 인물은 고종이다. 고종을 왕위에
앉힌 조대비가 바로 신정왕후이다. 고종은 깨알 같은 장문의 어보를

세종금보
금동제·높이 6.9cm×길이 11.7cm×
가로 10.2cm·종묘13559

1450년. 국립고궁박물관 소장.
국립고궁박물관 소장 어보 중
가장 오래됐다.

바쳐 문조와 조대비의 혼령이 바람 앞 등불 신세의 대한제국과 자신
을 다시 한 번 굽어 살펴주기를 바랐던 것이다. 현재까지 남아 있는
어보 중 가장 오래된 것은 1424년(세종 6) 제작된 3대 태종비 원경왕후
금인(고려대 박물관 소장)이다.

국새와 어보 가운데 국보는 없고 국새 황제지보, 국새 유서지보,
국새 준명지보, 국새 대군주보, 어보인 고종황제어새가 보물로 지정
돼 있다.

무관의 국보

6부

왕권강화의
소망을 담다

정조의 왕권강화 야심을 과시한 8폭 병풍

화성능행도

조선 제22대 정조(1752~1800·재위 1776~1800)는 1795년(정조 19) 아버지 사도세자(1735~1762)의 무덤인 현륭원顯隆園(융릉)이 있는 화성華城에 행차해 어머니 혜경궁 홍씨(1735~1815)의 성대한 회갑연을 연다. 행차는 윤 2월 9일부터 16일까지 꼬박 8일이 걸렸다. 1795년이 을묘년이어서 을묘원행乙卯園幸이라고 불리는 정치적 사건이다.

그 일정을 따라가 보면, 정조는 9일 새벽 혜경궁과 두 명의 누이를 대동하고 대궐을 출발했다. 한강을 건너 노량진의 용양봉저정龍驤鳳翥亭(노량 행궁, 서울 동작구 본동)에서 점심을 들고 시흥 행궁(서울 금천구 시흥5동 주민센터 인근)에서 1박을 했다. 수고한 시흥 현령(종5품)에게 3품을 내렸다. 다음날 사근 행궁(의왕시청 별관)에서 점심을 먹고 화성(수원시 팔달구)

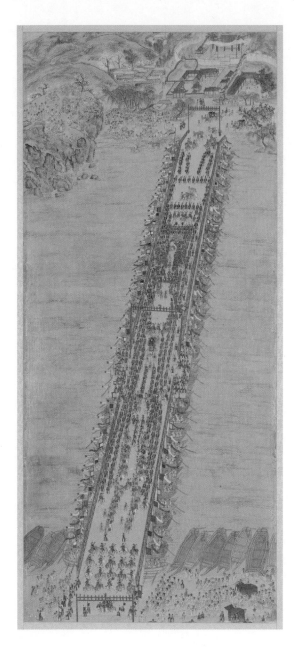

**화성능행도 中
한강주교환어도**

국립고궁박물관 소장. 배다리를
이용한 화려하고 장엄한 한강도
강 장면을 보여준다.

무관의 국보

에 도착해 화성 행궁에서 숙박했다. 이날 도중에 비가 왔다. 정조는 비를 맞으며 여러 번 혜경궁 가마 앞으로 가 안부를 여쭸다. 셋째 날은 화성향교를 찾아 공자를 알현하고 돌아와서는 과거를 실시해 문과 5인, 무과 56인을 뽑았다. 12일 어머니와 함께 현륭원에 나아가 참배하고 서장대西將臺(팔달산 정상의 군사지휘본부)에서 군사훈련을 참관했다.

혜경궁의 생일인 13일 봉수당奉壽堂(화성 행궁의 정전)에서 회갑잔치를 했다. 정조는 "경하하는 마음 누를 길 없어 삼가 만세를 기원한다"며 술잔을 올렸다. 14일은 신풍루新豐樓(화성 행궁 정문)에 거둥해 백성들에게 쌀을 하사했다. 이어, 낙남헌洛南軒에서 일반 양민 노인 374명을 불러 양로연을 베풀었다. 정조는 친히 일어서 노인들을 맞았다. 득중정得中亭에서 활을 쏘고 매화포(불꽃놀이)를 시연했다. 15일 환궁길에 나섰다. 사근에서 점심을 들고 시흥에서 유숙했다. 16일 시흥에서 노인들을 만나 그들의 고통을 듣고 환곡일체를 탕감했다. 용양봉저정에서 점심을 먹고 환궁했다.

정조는 1789년(정조 13) 양주 배봉산(서울시립대)에 있던 아버지 묘소를 수원 남쪽의 화산(화성시 안녕동)으로 옮기고 묘소명칭을 '왕실의 무궁한 융성을 기원한다'는 뜻의 현륭원顯隆園으로 지었다. 정조는 그러면서 아버지 묘소가 바라다 보이는 화성에 신도시를 건설한다. 앞서 1793년(정조 17) 수원부를 부수도인 유수부로 승격시키고 명칭도 수원에서 화성으로 변경한다. 그리고 1794년(정조 18) 봄 본격적인 화성 건설에 착수해 2년 6개월 만인 1796년(정조 20) 가을 신도시를 완성한다.

화성능행도 中 득중정어사도

정조와 혜경궁 홍씨가 불꽃놀이를
관람하는 장면이다.

화성의 명칭에 정조의 의향이 잘 나타난다. 화성은 〈장자〉 '천지'편의 '화인축성華人祝聖'의 고사'에서 유래했다. 고사는 화華지방의 수령과 요임금이 덕을 기르는 군자의 도리를 논하는 내용이다. 화성은 '요임금 같은 성인이 덕으로서 다스리는 곳'이라는 의미를 담고 있는 것이다.

궁극적으로 정조는 세자(순조)가 15세 되는 1804년, 왕위를 물려주고 어머니를 모시고 화성으로 옮겨와 살려고 했다. 어머니와 둘이서 아버지 묘소를 지키려고 했던 것이다. 자신이 노후를 보낼 화성을 직접 통치할 생각도 했다. 화성축성 보고서인 〈화성성역의궤〉는 화성을 종종 탕목읍湯沐邑에 비유한다. 탕목읍은 중국 주나라 천자가 제후에게 목욕비를 충당하라고 내려준 자급자족지였다. 정조는 화성을 자신의 직할지로 삼아 독자적 재원으로 현륭원 관리, 화성 경영에 필요한 제비용을 충당할 구상을 했던 것이다. 이에 따라 화성 북쪽에 만석거萬石渠와 대둔원, 화성 서쪽 축만제祝萬堤와 서둔, 융릉 남쪽 만년제, 안양의 만안제 등 수리시설과 농장을 조성했다.

정조는 평생 13차례 현륭원으로 원행했다. 그 중 당연히 어머니 회갑을 기념한 을묘원행이 가장 규모가 컸다. 정조는 이때의 행차 전모를 기록한 〈원행을묘정리의궤〉를 발간한다. 8책 자료의 방대함은 혀를 내두르게 한다. 행사의 세부 일정은 물론 행사에 참여한 사람의 명단을 신분의 고하를 막론하고 모두 기술했으며 매일 아침, 저녁, 간식으로 먹은 음식과 재료의 종류와 양, 비용을 그릇별로 서술했다. 행사에 쓰인 도구와 행사 모습도 화원을 시켜 그려 넣었다. 1700여 명의 인물과 800여 필의 말들이 행진하는 63페이지 분량의

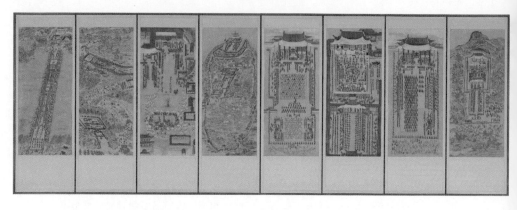

화성능행도 8폭 병풍 전체 7349명의 인물이 등장한다. 국립고궁박물관 소장.

반차도班次圖가 그 중 독보적이다.

〈원행을묘정리의궤〉는 서울대 규장각, 한국학중앙연구원 장서각, 국립중앙도서관, 국립중앙박물관, 개인 등이 소장하고 있다. 의궤는 조선의궤와 함께 보물 제1901호로 일괄 지정돼 있다. 이 의궤에 기초해 행사 주요 장면을 8폭의 대형 병풍그림으로 별도 제작하게 되는데 이를 '화성능행도華城行陵幸圖'라 한다. 의궤 설명으로 미뤄 김득신, 최득현, 이인문, 이명규, 장한종, 허식 등이 그린 것으로 추정한다.

병풍은 '화성성묘전배도華城聖廟展拜圖', '낙남헌방방도洛南軒放榜圖', '서장대야조도西將臺夜操圖', '봉수당진찬도奉壽堂進饌圖', '낙남헌양로도洛南軒養老圖' '득중정어사도得中亭御射圖', '환어행렬도還御行列圖', '한강주교환어도漢江舟橋還御圖'로 구성된다.

화성성묘전배도는 첫 공식행사인 공자사당 알현 장면을 담았다.

무관의 국보

대성전大成殿 앞뜰에 청금복靑衿服(교복) 차림의 유생들이, 그 뒤로 수행한 문무백관들이 시좌하고 있고 명륜당 앞뜰, 향교 안팎에 많은 호위 병사들이 있다. 주변에 구경 나온 선비들, 삼삼오오 모인 여인네들 등 일반백성의 자유로운 모습이 보인다. 낙남헌방방도는 같은 날 문무과를 실시해 합격자를 발표하고 시상한 내용이다. 낙남헌 안에 정조의 어좌와 입시관원들이 보이고 섬돌 아래에 홍패紅牌(합격증), 어사화가 묘사돼 있다. 그림 아래쪽에 가족, 일대 주민 등이 다양한 자세로 이 광경을 구경하고 있다. 서장대야조도에는 서장대의 군사훈련이 긴장감 속에 펼쳐지고 있다. 완공 당시의 화성 전체 모습이 상세하게 표현돼 있다. 봉수당진찬도는 중심 행사인 회갑연이다. 혜경궁과 정조, 왕실가족, 백관들이 지켜보는 가운데 무희들이 선유락船遊樂(뱃놀이 궁중무), 헌선도獻仙桃(복숭아를 바치며 혜경궁의 장수를 기원하는 춤), 무고舞鼓(북춤)를 춘다. 낙남헌양로도는 양로연이다. 어좌 앞에 융복(군복)차림의 노대신과 관원들이 앉았고 앞뜰에 왕이 하사한 노란 손수건을 지팡이에 매고 비단 한 단씩 받은 일반백성 노인들이 자리했다. 득중정어사도는 정조가 활쏘기를 한 뒤 혜경궁을 모시고 매화포 터뜨리는 것을 관람한다.

8폭 중 단연 눈길을 끄는 것은 환궁행렬을 드론 촬영하듯 위에서 내려다본 환어행렬도이다. 화성 행궁을 출발한 행렬이 막 시흥 행궁 앞에 다다르고 있다. 행렬을 잠시 멈추고 정조가 혜경궁에게 미음과 다반을 올린다. 어가 행렬은 시위 군관, 의장을 비롯해 나인 등 행사 준비 인원, 잔치에 참석하는 내·외빈 등 모두 6,000명이 넘었고 길

**화성능행도 中
환어행렬도(전체)**

국립고궁박물관 소장. 화성능행
위용과 규모를 짐작케하는 그림
이다.

무관의 국보

화성능행도 中 환어행렬도(일부)
폭당 가로 77.5cm×세로 216.8cm·창덕 6409

국립고궁박물관 소장. 푸른 장막 안의 가마에 정조의 어머니 혜경궁 홍씨가 타고 있다. 주위에서 다양한 백성들이 행렬을 지켜보고 있다.

이도 1km에 달했을 것이다. 100여 명의 악대가 연주하고 수많은 깃발이 펄럭이며 말과 가마가 줄지어 가는 행사는 일대의 장관이었을 것이다. 환어행렬도는 그러한 어가 행렬의 위용과 규모를 한껏 드러낸다. 이를 지켜보기 위해 몰려나온 백성들도 표정과 포즈가 자유분방하다. 요란한 행렬 가운데서도 물건 파느라 여념이 없는 엿장수, 떡

장수, 노점상들은 생생한 현장감을 더해준다. 주교舟橋(배다리)를 놓아 한강을 건너는 한강주교환어도 역시 화려하고 장엄한 행렬을 잘 보여준다. 환어행렬도와 한강주교환어도는 종전 궁중행사도에서 볼 수 없는 '之(갈 지)' 자형의 새로운 화면전개방식을 취해 주목된다.

능행도병풍은 조선시대 궁중행사도 가운데 가장 탁월한 작품이다. 묘사가 매우 정교하며 색채 또한 세련되고 뛰어나다. 병풍 전체의 등장 인물은 7,349명이다. 조선의 그림 중 가장 많다. 국왕의 친림, 호위하는 군사, 관료들과 구경 나온 일반 백성에 이르기까지 다양한 인물을 해학적이면서도 생동감 있게 다뤄 당시의 풍속을 충실히 반영한다. 그림으로서만이 아니라 사료로서의 가치가 높아 18세기 최고의 기록화라는 평가를 받는다.

화성능행도는 다수 제작돼 궁중에 보관하고 주요 관료들에게도 나눠줬다. 하지만 현재 8폭이 온전한 것은 4좌뿐이다. 삼성미술관 리움, 국립중앙박물관, 국립고궁박물관, 우학문화재단이 각 1좌씩 소장하고 있다. 낱폭으로는 동국대학교 박물관과 리움미술관에 각 1점 등 국내 2점, 교토대학종합박물관 5점, 도쿄예술대학 1점 등 일본 6점이 전해진다. 삼성미술관 리움 소장본, 동국대박물관의 봉수당진찬도 1폭이 보물로 지정돼 있다.

화성능행은 표면적으로 젊은 시절 남편을 떠나보내야 했던 어머니의 한을 풀어주는 효성의 표현이었다. 그런데 을묘년은 어머니 뿐만 아니라 아버지의 회갑이기도 하다. 사도세자 무덤이 있는 화성에서 부모의 회갑잔치를 갖는다는 것은 단순한 사건이 아닌 것이다. 실제 역적의 아들이란 멍에를 안고 살아야 했던 정조는 현륭원 및 화성 건설 등 사도세자의 존숭사업을 추진했다. 이를 통해 아버지의 실추된 명예를 회복하고자 했고 자신의 정통성과 권위를 과시하려고 했다. 정조는 화성능행에 많은 군사들을 데리고 가 대규모 군사훈련도 실시했으며 과거를 통해 문무관도 새로 뽑았다. 현장에서 백성들을 직접 만나 그들의 민원을 해결해 주기도 했다. 인과 덕으로 백성을 다스리는 애민정신이 투철한 왕임을 각인시키려고 했다. 을묘원행은 신하와 백성들의 충성을 결집시킴으로써 신권을 억제하고 재위기간 일관되게 추진했던 정치개혁에 박차를 가하려는 고도의 정치행위였던 것이다.

분노조절 장애자 숙종,
조선의 르네상스를 열다

조선 숙종 어제

　조선 19대 숙종(1661~1720·재위 1674~1720)의 어릴 적 이름은 용상龍
祥이다. 할아버지 효종이 지어준 것이다. 효종은 상스러운 용꿈을 꾼
뒤 원자가 태어날 것으로 믿고 미리 이 이름을 작명해 놓았다고 '숙
종 묘지문墓誌文'은 밝히고 있다.

　숙종은 완벽한 정통성을 가진 무결점의 왕이었다. 현종의 적장자
이자 독자였고 생모도 후궁이 아닌 정비(명성왕후 김씨)였다. 모두의 지
극한 관심과 기대 속에 귀하게만 컸던 탓일까. 숙종은 성격이 불같고
감정기복도 매우 심했다. 1688년(숙종 14) 음력 7월 17일 실록은 "임금
의 노여움이 폭발하여 점차로 번뇌가 심해져 입에는 꾸짖는 말이 끊
어지지 않고 밤이면 잠들지 못하였다"라고 적었다. 한마디로 화가 한

번 나면 삭이지 못하는 분노조절 장애자였던 것이다.

어머니 명성왕후가 며느리 인현왕후 민씨에게 그런 아들을 조심하라고 주의까지 준다. 1686년(숙종 12) 음력 12월 10일 실록은 "명성왕후가 '주상은 평소에도 느닷없이 화를 내는데 만약 (간악한 무리들의) 꾀임에 빠지게 되면 국가에 화를 끼침은 말로 다 할 수 없을 것이니 내전은 마땅히 나의 말을 명심해야 할 것'이라고 하였다"고 기술한다.

명성왕후도 사실 조선왕비로는 흔치않게 매우 다혈질이었다. 그녀는 남편이 후궁을 두는 것을 용납하지 않았다. 나인 김상업은 현종 재위 시 승은을 입어 임신했다. 그러자 명성왕후가 인조의 손자 복창군(1641~1680)과 사통해 아이를 가졌다고 모함해 숙종 초 결국 유배 보냈다. 1674년(숙종 1) 음력 3월 14일 실록에 따르면, 명성왕후는 숙종과 조정 중신들을 모아놓고 "미망인이 늘 죽지 못한 것을 한탄한다"고 소리내어 통곡하면서 김상업과 복창군을 속히 벌주라고 떼썼다. 1680년(숙종 6) 음력 7월 3일 실록은 "시녀(김상업)는 선조先朝(현종)의 은혜를 입은 자였다. 전하는 이야기가 자자하였지만 사람들은 감히 말을 하지 못하였다"고 털어놓는다. 숙종이 오죽 괴팍했으면 이런 명성왕후가 나무랐을까.

잦은 환국換局도 그의 성격에서 비롯됐다. 경신대출척庚申大黜陟(1680년 서인이 남인을 역모로 몰아 숙청), 기사환국己巳換局(1689년 숙종이 원자를 정하는 문제를 내세워 서인 숙청), 갑술환국甲戌換局(1694년 숙종이 인현왕후 복위에 반대한 남인 숙청) 등 전무후무한 세 차례 환국을 통해 무수한 학자들이 죽어나갔고 조정은 붕당 간 처절한 정치투쟁의 장으로 변질됐다. 숙종하면 인현왕후와 장희빈 등 복잡한 여자관계로도 우리에게 깊이 각인돼 있다.

숙종에 대한 오늘날의 평가는 상대적으로 박하고 부정적이다. 그런데 19세기 유행한 한글소설을 보면, 첫 부분이 한결같이 "숙종대왕 호시절에…"라는 상투적 표현으로 시작한다. 조선 사람들은 숙종의 치세가 가장 태평했다고 기억했던 것이다. 오늘날과 조선시대 인식이 왜 이렇게 다른 걸까.

숙종은 조선시대 왕으로는 드물게 60세까지 살고 46년간 통치했다. 그의 시대에 정쟁은 격화됐지만 다른 한편으로는 왕이 국정을 장악하면서 사회 전반적인 체제가 정비되고 안정됐다. 대동법大同法(공물을 쌀로 통일)과 양전量田(토지조사), 균역법均役法(군역 대신 매년 내는 베를 1필로 균일화) 시행으로 조세체계가 확립됐고 상평통보의 유통으로 경제와 상업이 활기를 띠었다. 법전인 〈대전속록大典續錄〉, 인문지리서인 〈신증동국여지승람新增東國與地勝覽〉, 왕실족보인 〈선원계보기략璿源系譜記略〉 등도 간행했다. 군사 분야에서도 북한산성 등 성곽을 확충하고 유사시 서울 방어를 위한 5군영 체제를 구축했다. 백두산 정상에 정계비를 세워 청나라와의 국경선도 획정했다.

시대적 상황이 도왔다. 전란의 피해가 모두 복구되면서 농업 생산력이 증가하고 수공업이 발전했다. 특히 숙종 재위 기간은 청나라 최전성기인 강희제 치세(1660~1722)와 정확히 겹친다. 청과의 교류가 활발해지고 청을 통해 서양 학문과 기술을 담은 서적이 대거 유입돼 실생활에 응용됐다. 이로 인해 17세기 후반~18세기 초 경제 성장 추세가 현저하게 두드러졌다. 문화부분에서는 조선 고유색을 강조하는

사현파진백만병도謝玄破秦百萬兵圖 **일부**

세로 170.0㎝×전체 가로 418.6㎝ · 증 7144

1715년. 국립중앙박물관 소장. 중국 5호
16국 시대 동진의 장군 사현이 전진의
백만 대군을 격파한 비수대전을 묘사했
다. 가장 앞에서 도망가는 인물이 전진의
왕 부견이다. 좌측 상단에 숙종의 어제시
와 도장이 보인다.

진경眞景 사조가 꽃망울을 터트린다. 한글소설의 백미인 〈구운몽九雲夢〉과 〈사씨남정기謝氏南征記〉가 창작됐고 화가 정선, 시인 이병연도 그의 시대에 배출됐다. '조선의 르네상스'라는 영·정조 시대는 숙종 대에 이 같은 축적이 있었기에 가능했던 것이다.

숙종은 예술적 소양도 탁월했다. 숙종은 도화서 화원들을 시켜 중국의 고사를 주제로 한 그림을 그려 감상했고 그 위에 느낌을 표현한 화제시畵題詩를 손수 적었다. 숙종은 그림 속 인물들처럼 자신에게 충성하고 나라를 보필할 수 있는 어질면서 용맹한 신하가 조선에도 나타나기를 간절히 바랐다.

사현파진백만병도는 "사현이 진나라의 백만 대군을 물리친 그림"이라는 뜻이다. 전체 8폭의 병풍으로 중국 동진시대 유명한 전투인 비수肥水대전을 소재로 했다. 중국 5호 16국 시대 전진前秦의 왕 부견은 383년 양자강 이남의 동진東晉을 정벌하기 위해 백만 대군을 일으킨다. 동진의 장군 사현이 8만 병력으로 맞섰다. 사현은 안휘성 비수강에서 대승을 거두고 부견을 물리친다.

그림은 웅장하며 역동적이다. 상단에 강한 필선으로 기묘한 절벽과 바위로 가득한 산세를, 하단은 쫓고 쫓기는 병사와 말이 우측에서 좌측으로 휘몰아치듯 움직이는 모습을 묘사했다. 숙종은 병풍 왼쪽 위에 "청강에서 한 번 무너지니 깃발이 뒤집히고, 학의 울음과 바람소리에도 달아나는 자들 두려움에 떠는구나"라는 어제시御製詩와 함께 "1715년(숙종 41) 봄 지었다"라고 썼다.

진단타려도 역시 같은 해 8월 상순에 숙종이 시를 적었다. 좌측 상

진단타려도陳摶墮驢圖 **일부**
세로 110.9cm×가로 69.1cm·덕수 2022

1715년. 국립중앙박물관 소장. "나귀에서 떨어지는 진단 선생"이라는 뜻이다. 진단은 중국 송나라초 은일 학자로 송나라가 세워졌다는 소식에 너무 기뻐한 나머지 나귀에서 떨어졌다는 고사가 전한다. 숙종은 중국 고사를 주제로 한 그림을 화원들에게 그리게 하고 자신의 감상평을 그림 위에 적었다. 그림 속 인물들처럼 자신에게 충성하는 어진 신하가 나타나기를 간절히 바랐다.

단의 시는 다음과 같다. "희이希夷(진단의 호) 선생 무슨 일로 갑자기 안 장에서 떨어졌나, 취함도 졸음도 아니니 따로 기쁨이 있었다네, 협마 영夾馬營(조광윤의 고향)에 상서로움이 모아져 참된 임금 나왔으니, 이제 부터 온 천하에 근심 걱정 없으리라."

진단타려도는 "나귀에서 떨어지는 진단"이라는 의미다. 진단은 중 국 당나라 말~송나라 초의 인물로, 도술에 능해 여러 왕조에서 데 려가려고 했지만 참된 군주가 아니라며 모두 거절하고 은거했다. 고 사에 의하면, 어느 날 그가 하남성 개봉으로 가던 중 조광윤이 송나 라를 세웠다는 얘기를 듣는다. 송은 문치를 이룬 유교의 이상 국가로 인식됐다. 진단은 그 소식에 너무나 기뻐한 나머지 나귀에서 떨어지 고 말았다. 그림은 이 순간을 실감나게 표현한 것이다. 낙상 일보 직 전인 진단의 표정은 고통스럽기는커녕 웃음이 넘치며 그를 바라보 는 행인도 미소가 가득한 얼굴을 하고 있다. 시 끝에 임금의 친필을 뜻하는 '신장宸章'이라는 주문방인朱文方印(글자가 붉게 나오는 사각 도장)이 찍 혀있다. 그림은 윤두서(1668~1715)가 그렸다. 진단의 얼굴이 윤두서와 닮았다. 인물화, 산수, 영모에 두루 능했던 그의 면목이 드러나는 명 작이다.

제갈무후도는 두 작품보다 이른 시기인 1695년(숙종 21) 음력 5월 상순 제작됐다. 마찬가지로 신장 주문방인이 있다. 무후武侯는 제갈량 의 작위다. 제갈무후도는 수하인물樹下人物 형식으로 제갈량이 관건(비단 모자)에 옥색 학창의(소매가 넓은 웃옷)를 입고 있다. 제갈량의 상징인 우 선羽扇은 동자가 들었다. 조선후기 소중화小中華 의식은 촉한 정통론을

제갈무후도諸葛武侯圖

세로 164.2 × 가로 99.4cm · 덕수 4337

1695년. 국립중앙박물관 소장. 중국 촉한의
재상 제갈량을 그렸다. 역시 제갈량 같은
훌륭한 신하를 그리워하는 심정을 담았다.
그림 우측 상단에 숙종의 시와 도장이 있다.

무관의 국보

소환했고 촉한의 재상 제갈량을 숭배하는 문화를 확산시켰다. 사당이 지어지고 이와 함께 초상화도 다수 제작됐다. 숙종은 "같은 시대에 태어나 함께 세상을 다스려 보지 못함이 한스럽다"며 훌륭한 신하를 갈구하는 마음을 시에 실었다.

농사짓기와 누에치기를 그린 어제경직도御制耕織圖(137.6×52.4㎝·국립중앙박물관 소장·덕수 4917)는 어제시에 의해 1697년(숙종 23) 그려졌음을 알 수 있다. 화가는 화원 진재해(1691~1769)로 알려져 있다. 숙종의 어제시가 쓰여진 이들 그림 모두는 국보나 보물로 지정돼 있지 않다.

이성계와 함께한 '여덟 마리 말', 왕의 상징이 되다

팔준도

"하늘이 영기한 재주를 내시어 백성을 편안하게 살도록 하실 때 여섯 준마가 시기를 맞추어 나니. 하늘이 용기와 지혜 가진 분을 주시어 나라의 편안을 위하시매 여덟 준마가 때를 맞추어 나니…"

훈민정음으로 쓴 최초의 작품인 〈용비어천가龍飛御天歌〉의 70장 내용이다. 용비어천가는 1445년(세종 27) 정인지 등이 지은 악장樂章(궁중 시가)이다. 중국 고사에 비유해 목조 · 익조 · 도조 · 환조 · 태조 · 태종 등 조선 건국 전후 왕 6명의 공덕을 기리고 있다.

70장의 내용 중 앞의 줄은 당나라 태종 이세민에 해당하고 두 번째는 조선을 건국한 태조 이성계(1335~1408·재위 1392~1398)의 업적을 소개한다. 이세민이 나라를 안정시키는 데 여섯 마리의 말이 도왔듯

이성계의 조선건국 과정에서도 여덟 마리의 말이 함께했다고 노래는 언급하고 있는 것이다. 〈용비어천가〉 여러 곳에서 이성계가 타고 다녔던 말이 언급된다.

이성계는 변방의 이름 없는 장수였다. 그러나 독보적 무용武勇으로 난세를 평정하면서 자신의 한계를 극복했다. 이를 기반으로 고려의 조정을 장악하고 결국 여세를 몰아 역성혁명을 달성했던 것이다. 그는 공민왕을 도와 원 세력을 몰아냈으며 원명 교체기의 극심한 혼란기에 홍건적과 여진, 왜구의 침입을 물리치는데 결정적인 공을 세웠다. 1370년(공민왕 19) 공민왕의 명을 받고 남만주의 오녀산성五女山城에 주둔한 몽골군을 공격했다. 이성계는 화살 70여 발을 쏴 모두 적군의 얼굴에 명중시켰다. 이에 사기가 오른 고려군은 손쉽게 몽골군을 제압하고 대승을 거둔다.

오녀산성의 전장을 함께 누빈 존재가 있었다. 함흥산 애마 유린청이었다. 유린청은 1380년(우왕 6) 펼쳐졌던 황산대첩荒山大捷에서도 맹활약을 했다. 500여 척의 함선을 이끌고 쳐들어온 왜군을 이성계가 전라도 운봉에서 격파한 전투이다. 이 싸움을 계기로 왜구의 발호가 쇠퇴했다. 유린청은 황산전투에서 가슴 오른쪽과 왼쪽 목덜미, 오른쪽 볼기에 화살을 맞아 상처가 남았다. 이성계는 유린청과 25년을 함께했다. 유린청이 죽자 돌로 구유를 만들어 묻어줬다.

여진에서 난 횡운골은 원나라 승상 나하추納哈出(?~1388)를 쫓아내고 홍건적을 평정할 때에 탔다. 역시 화살 두발을 맞았다. 백전의 명장 이성계에게는 이들을 포함해 충성스러운 8마리의 말이 있었

**전傳 윤두서 필
팔준도 中 유린청**

세로 42.5cm × 가로 34.8cm·
덕수 2236

1705년. 국립중앙박물관 소장. 태조 이성계가
가장 아꼈던 말이다. 이 팔준도는 세종 때 제작
된 '태조 팔준도'를 계승해 숙종 때 그려졌다.
국보·보물이 아니다.

다. 8마리의 준마, 즉 '팔준八駿'이다. 팔준은 단순한 말과 주인의 관
계를 넘어 생사를 오가는 전장에서 한 몸처럼 싸운 전우이자 조력
자였다.

팔준도 中 횡운골 1705년. 국립중앙박물관 소장. 원나라 승상 나하추를
물리칠 때 탔다. 이성계와 함께 전장을 누비며 화살도
두 발 맞았다. 여덟 마리 말은 이성계의 전우이자 조력
자였다.

실학자 이덕무(1741~1793)의 〈앙엽기盎葉記〉는 "우리 태조가 개국할
때 탔던 준마가 8마리 있었다. 첫째는 횡운골橫雲鶻로 여진에서 난 것
이요, 둘째는 유린청遊麟靑으로 함흥, 셋째는 추풍오追風烏로 여진, 넷째
는 발전자發電赭로 안변, 다섯째는 용등자龍騰紫로 단천, 여섯째는 응상

백凝霜白으로 제주, 일곱째는 사자황獅子黃으로 강화, 여덟째는 현표玄豹로 함흥에서 난 것"이라고 설명했다. 횡운골은 '구름을 가로지르는 송골매', 유린청은 '기린처럼 노니는 푸른 말', 추풍오는 '바람을 쫓는 까마귀', 발전자는 '벼락을 내뿜는 붉은 말', 용등자는 '용이 날아오르는 듯한 자줏빛 말', 응상백은 '서리가 응결된 듯한 흰 말', 사자황은 '사자처럼 사나운 황색말', 현표는 '검은 표범'이라는 뜻이다. 말은 저마다 이성계와의 사연을 갖고 있다. 추풍오와 용등자는 유린청, 횡운골과 마찬가지로 전장에서 화살상처를 입은 역전의 용사다. 사자황은 지리산에서, 현표는 토동兎洞에서 왜구를 물리칠 때, 응상백은 위화도 회군 때 탔다.

중국에서는 왕조 교체기 창업주를 도와 활약한 말이 건국의 상징으로 등장한다. 은나라의 주왕을 제압하고 주나라를 세운 무왕의 말이 그랬고 당나라 건국에 무공을 세운 태종 이세민의 말이 그랬다. 중국에서 말은 '천명天命사상'에 근거해 하늘을 상징했다. 말이 도왔다는 것은 건국이 하늘의 뜻에 의함을 대변했다. 태조 팔준도 역시 천명사상에 따라 이성계의 역성혁명을 정당화하려는 목적으로 그려졌던 것이다.

팔준도가 처음 제작된 것은 1446년(세종 28)이다. 세종대왕(1397~1450·재위 1418~1450)은 북방 오랑캐와 왜구를 몰아내고 새로운 세상을 열어 백성을 도탄에서 구해낸 이성계의 일생을 칭송하기 위해 〈용비어천가〉를 전거로 팔준의 모습을 담은 팔준도을 만들도록 했다. 당대 최고의 화가였던 안견이 태조의 여덟 마리 말을 그렸고

追風烏

沌黑毛毫非女
真之地濃右腿
中一箭

팔준도 中 추풍오
1705년. 국립중앙박물관 소장. 풀밭에서
뒹굴고 있다. 만물이 소생하는 봄을 맞아
말의 솟구치는 기운을 분출하는 모습이다.

집현전 학사들은 찬문을 붙여 집현전에 보관했다. 집현전 학사였던
신숙주는 〈팔준도부八駿圖賦〉에서 "적을 무찔러 함락시키고 나라를 깨
끗이 맑힌 공적은 실로 말 위에서 얻었으니 말의 공을 영원히 잊을
수 없음이 마땅하다"라고 했다. 1447년 관료들을 대상으로 하는 과거

시험에서도 팔준도를 제목으로 하는 글을 짓도록 했다. 여기서 성삼문(1418~1456)이 장원을 했다.

팔준도는 후대에도 계승된다. 1453년 계유정난을 일으켜 왕위에 오른 세조는 국왕으로 취약한 정통성이 고심이었다. 세조는 태조팔준도를 본 따 1463년(세조 9) 잠저시절 끌고 다니던 열 두마리의 준마를 묘사한 '십이준도'를 그리게 했다. 실록에서 세조는 "말 달리고 활을 쏘아 승부를 겨루는 날에 남보다 10배나 빨랐으니 삼군三軍이 우러러 보고 복종하였던 것은 어찌 말의 도움이 없었다 하겠는가"라며 정난의 합리화를 꾀했다. 폭군으로 악명 높은 연산군(1476~1506·재위 1494~1506)도 자신의 네 마리 말을 그리도록 하고 '사준도'라 불렀다. 태조와 세조의 행적과 권위를 빌어 폭정에 대한 비난여론을 잠재우고 권력을 더욱 강화하려고 했던 것이다.

세종대의 태조팔준도는 임진왜란 때 소실된다. 숙종(1661~1720·재위 1674~1720)은 이를 안타까워하며 1705년(숙종 31) 사대부가에서 전하는 작품들을 모아 팔준을 다시 제작케 했다. 숙종은 팔준도 찬문에서 "태조대왕께서 나라를 세우실 때의 간난을 잊지 않고 후대 그것을 지켜나가는 수성의 어려움을 생각하는 마음을 전하고자 한다"고 썼다. 건국의 자취를 되새기자는 취지였지만 국왕과 왕실의 권위를 강조하기 위한 정치적 상징물로 창업주 태조와 그의 팔준도를 소환하는 게 의도였다. 숙종은 현종 재위시 벌어진 예송논쟁 과정에서 실추된 왕권을 회복하고 왕실의 위엄을 재확립하는데 주력했던 왕이다.

현재 국립중앙박물관에 숙종어제팔준도찬병소서肅宗御製八駿圖贊幷小序

전傳 윤두서 필 기마도
세로 98.2cm×가로 59.7cm·덕수 2683

국립중앙박물관 소장.

무관의 국보

와 팔 폭을 모두 갖춘 팔준도화첩이 소장돼 있다. 세종 대의 팔준도 전통을 계승한 매우 뛰어난 수작 팔준도라는 평가다. 그림에서 팔준도는 이성계의 영웅적 일생을 부각시키기 위해 실제 말의 모습과는 동떨어진 이상적인 명마의 모습으로 표현됐다. 8마리 중 이성계가 유독 아꼈던 유린청은 강렬하게 정면을 응시하고 있으며 옆으로 뻗치고 덥수룩한 갈기가 위용을 더욱 돋보이게 한다. 횡운골은 맞바람을 받아 갈기와 꼬리가 심하게 휘날리고 생동감이 충만한 형상이다. 얼굴의 근육 표현이 뚜렷하고 눈동자는 살아 있는 듯하다. 드물게 풀밭에서 뒹굴고 있는 추풍오는 만물이 소생하는 봄을 맞아 말의 솟구치는 기운을 분출하고 있다.

그림 표지 좌측에 전서篆書로 팔준도원헌진장八駿圖元軒珍藏 제첨이 붙어 있고 제1폭 우측 하단에도 헌종의 호인 '원헌元軒' 주문방인(붉은 글씨의 사각도장)이 날인돼 있어 헌종(1827~1849·재위 1834~1849)이 소장한 것임을 안다. 팔준도에는 '전傳 윤두서 필 팔준도'라는 제목이 붙어 있다. 윤두서가 말을 잘 그렸고 그의 그림체와도 비슷해서였을 것이다. 하지만 궁중 수요의 회화제작에 윤두서와 같은 사대부가 참가했다는 것은 상상하기 어려워 당시 임금의 촉망을 받는 화원이 그렸을 것으로 이해하는 것이 합리적이다. 국립중앙박물관에는 또다른 팔준도(168.7×59.7㎝·덕수 2101)도 전해 내려오고 있다. 팔준도는 국보나 보물로 지정돼 있지 않다.

엄숙한 근정전 앞에서
혀 날름대는 짐승의 정체

/

경복궁 동물상

"궁(경복궁)의 남문 안쪽에 다리가 있고 다리 동쪽에 천록 두 마리가 있다. 다리 서쪽의 것은 비늘과 갈기가 꿈틀거리는 듯 자연스럽게 조각되어 있다. 남별궁(서울 중구 소공동 조선호텔 자리) 뒤뜰에 등에 구멍이 파인 천록天祿이 있는데 이와 똑같이 닮았다. 필시 다리 서쪽에 있던 것 하나를 옮겨갔음이 틀림없다."

정조대 실학자 유득공(1749~1807)은 1770년 한양을 유람하면서 쓴 〈춘성유기春城遊記〉에서 경복궁의 영제교 천록상을 보며 이렇게 언급했다.

영제교는 경복궁 근정문(근정전의 정문) 앞에 있는 다리다. 애초 경복궁 내에는 물이 흐르지 않았다. 태종(재위 1400~1418)은 명당인 경복궁

**일제감정기 방치된
경복궁 영제교永濟橋 천록상**
길이 156.0cm, 폭 79.8cm, 높이 48.1cm

사진 국립중앙박물관. 일제강점기초인 1912년 다리가 철거되면서 천록상 등 부재들도 방치되고 있다. 현재는 천록상 윗입술이 깨져 있지만 이때까지만 해도 온전하다.

에 물이 없어서는 안 된다며 궁궐을 관통하는 명당수를 개설하라고 명했다. 명당수인 금천禁川과 함께 그 위에 다리가 만들어지고 세종(재위 1418~1450)대 명칭을 영제교라고 했다.

화강암으로 제작된 영제교는 임진왜란 때도 피해를 입지 않았고 고종(1852~1919·1863~1907)초 경복궁이 중건되면서 정비됐다. 그러나 1912년 조선총독부가 조선물산공진회 개최를 이유로 다리를 철거했고 부재들은 이곳저곳을 떠돌았다. 지금의 영제교는 2001년 홍례문 영역이 복원되면서 제 위치에 다시 지어졌다.

다리는 아치형의 홍예교로 난간석주 양 끝을 용으로 장식했고 다리 사방의 축대 위에 물길을 따라 스며드는 나쁜 기운을 막기 위해 네 마리의 서수瑞獸(사악한 기운을 없애는 상스러운 동물)상을 배치했다. 서수는 유득공의 기록에도 있듯 천록이다. 중국에서 유래한 천록은 임금이 선정을 베풀 때 모습을 드러내며 벽사의 기능을 가진 신령한 짐승이다. 형태는 용의 머리에 말의 몸, 기린 다리에 회백색 털은 사자를 닮았다고 전한다.

영제교 천록상은 장대석 위에 낮게 엎드린 채 금천을 노려보고 있다. 모두 앉아 있는 자세이지만 얼굴 표정은 하나같이 개성이 가득하다. 그 중 하나는 입을 살짝 벌리고 혀를 아래쪽으로 날름 내민 장난끼 가득한 얼굴을 하고 있다.

전반적으로 조각은 수법이 탁월하다. 신체비례가 자연스러우며 누워 있는 모습이 매우 유연하고 생동감 넘친다. 얼굴도 양감이 두드러지고 눈은 동그랗게 튀어나왔으며 코는 과장되지 않고 묵직하다. 머리와 다리 갈기는 바람에 날리듯 자연스럽고 몸통의 비늘도 입체감을 극대화했다. 맹수처럼 날카롭게 표현한 발은 발가락 관절까지 꼼꼼히 새겼다. 조선전기의 사실적 조각양식을 충실히 반영하는 뛰어난 작품이다.

'조선의 법궁' 경복궁은 임진왜란이 발발하던 1592년 소실된 이래 무려 300년 가까이 폐허로 방치된다. 선조, 현종, 숙종, 영조, 익종, 헌종대에 재건이 시도됐으나 천문학적 비용과 풍수적 이유 등으로 모두 불발됐다. 경복궁은 땅에 떨어진 왕실의 권위를 높이려는 흥선

경복궁 근정문 계단 해치
사진 문화재청.

대원군에 의해 1865년 재건공사가 시작돼 1868년 다시 세워진다. 비록 건물은 모두 사라졌지만 창건 당시 조각됐던 동물상의 일부는 세월의 무게에도 건재했다. 대원군은 이들 조형물을 하나하나 건져내 재건공사에 다시 활용했다. 옛 모습을 간직한 동물조각상들은 경복궁의 또 다른 자랑거리인 것이다.

경복궁에는 우리가 잘 아는 광화문 앞 해치상 한 쌍 외에도 십이지신十二支神·사신四神(네 방위를 지키는 신)상, 각종 서수상 등 동물상 102점이 설치됐다. 근정전 56점, 경회루 20점, 영제교 주변 8점, 집옥재와 광화문 각 7점, 근정문 3점, 아미산과 자경전 각 1점 등이다.

서수상은 해치를 비롯해 영제교 천록, 경회루 기린·불가사리, 근정

코끼리 형상의 경회루 불가사리
사진 문화재청.

전 사자 등 형태도 다양하다. 〈예기
禮記〉는 기린이 노루 몸, 소꼬리에
뿔이 하나 있으며 인의를 품고 있
는 동물이라고 했다. 천록과 비슷
한 생김새다. 우리나라에서 구전돼
온 불가사리는 몸에 털이 있고 코
가 길다.

영제교 천록상, 근정전 쌍사자
상·계단 서수상 등은 임진왜란 이
전에 조성된 것이다. 〈춘성유기〉를
비롯해 경복궁 재건 이전의 다수
문헌에 천록의 존재가 기술돼 있다.
영조 때 근정전 터에서 베풀어진
연회를 그린 영묘조구궐진작도英廟
朝舊闕進爵圖에는 근정전 일대 현황이
확인되는데 여기에 사자상과 계단

서수상이 발견된다.

광화문 입구 해치상은 고종 때의 것이다. 해치는 서수를 대표하는
동물이다. 해치상은 하마비下馬碑 역할도 했다. 고종 7년(1870) 음력 10월
7일 〈승정원일기承政院日記〉에 "대궐문에 해치를 세워 한계를 정하는 것
은 상위이다. 조정 신하들은 그 안에서 말을 탈 수 없다"고 나와 있다.
해치부터는 임금 수레만 들어갈 수 있다는 성역 표식인 것이다. 쌍해치상은 지금과 달리 광화문에서 80m 떨어진 육조거리에 위치해 있었다.

이중화(1881~1950)가 발간한 〈경성기략京城記略〉은 "광화문 밖 쌍해치는 근세 미술의 대가 이세욱의 걸작"이라고 썼다. 이세옥이라는 사람은 19세기 문헌에서 찾을 수 없다. 이세옥 행적에 관한 문헌자료가 남아 있는 것으로 미뤄 옥과 욱을 혼동한 것으로 판단된다. 이세옥은 그림을 그리는 화사였던 점을

근정전 월대 주작
사진 문화재청.

고려할 때 돌을 직접 쪼은 것이 아니라 도안을 그렸을 것으로 짐작된다. 광화문 해치는 모두 두 쌍이다. 성문 앞에 대형 해치 한 쌍, 성곽 위에 또 한 쌍이 있다.

국보 근정전의 미를 말하면서 동물상을 빼놓을 수 없다. 전각을 받치는 2층 기단의 월대 계단과 돌난간 기둥에 동물상이 조각돼 있다. 청룡靑龍, 백호白虎, 주작朱雀, 현무玄武의 사신四神과 십이지신이 동서남북에서 근정전을 지키고 있는 것이다.

의아한 점이 있다. 십이지신상이 순서대로 배열돼 있지 않으며 개·돼지는 아예 빠졌다. 경복궁은 정궁이며 그 가운데 근정전이 국

근정전 월대 해치 가족
암컷 해치 배쪽에 새끼가 붙어 있다. 사진 문화재청

왕 즉위식 등 대례가 거행된 중요한 건물이다. 이를 감안할 때 동물
상이 불규칙적으로 배치된 것과 불완전한 구성은 미스터리다. 당초
계획에는 없었다가 이후 근정전 건립 도중 갑작스럽게 추가된 것으
로 해석할 수 있다. 경복궁 중건 착수 이듬해인 1866년 일어난 병인
양요丙寅洋擾는 조선 왕실을 큰 충격에 빠지게 한다. 국가적 위기 속에
서 왕실을 수호하는 상징물을 둘 필요성이 급하게 대두됐던 것이다.
미신을 맹신했던 대원군은 동물상이 신통력을 발휘해 외세를 막아
왕실을 굳건히 지켜주기를 바랐던 것이라는 추론이 가능하다.

  사신과 십이지신의 빈자리는 서수들이 채우고 있다. 월대 각 귀퉁
이에는 사자가족이 자리하고 있는데 암수를 구별하기 위해 암컷에는
새끼를 붙여 놓은 것이 기발하다. 근정전 조각의 장인은 다른 사람이

다. 〈근정전 영건도감^{營建都監}〉 별단에 석수 책임자가 장성복이라고 기록돼 있다. 장성복은 다수의 왕릉 석물제작에도 참가했다.

국보 경회루에서도 사신, 서수 등 다양한 동물 조각들을 만날 수 있다. 경회루로 건너가는 돌다리 위에 낯익은 동물조각이 있다. 외형은 코끼리이지만 실제로는 불을 먹는다는 불가사리다.

홍선대원군이 신정왕후를 위해 건립한 자경전(보물)은 서

자경전을 지키는 서수
사진 문화재청.

수가 한 마리만 있다. 주인을 지키는 개처럼 댓돌 앞에 떡하니 버티고 앉아 전방을 뚫어져라 주시하고 있다.

동물상들은 화기와 재앙을 물리칠 목적으로 세워졌다. 위압적인 형상을 해야 정상이지만 하나같이 순박하고 익살스럽다. 우리 조상의 해학과 여유가 느껴진다. 경복궁 조각들은 정교함이나 보존 상태를 볼 때 국보급 문화재로 손색이 없지만 여태 국보나 보물로 지정돼 있지 않다.

7부

규방의 여인,
불굴의 예술혼을 꽃피우다

임종 앞둔 신사임당,
남편에 "재혼 마세요" 유언

신사임당 초충도

조선 제일의 여류화가 신사임당申師任堂(1504~1551)의 '초충도'를 보면 슬퍼진다. 화면에 등장하는 것은 마당 아무데서나 접하는 벌레와 풀, 화초가 전부이다. 그림에는 억압된 삶을 강요받았던 조선 여인들의 비애가 스며있는 듯하다. 바깥출입도 마음대로 할 수 없는 신세이니 하찮은 미물과 잡초에 눈길이 갈 수밖에. 그렇지만 그 솜씨가 얼마나 정성스럽고 기발한가.

그녀의 그림은 완고한 노론의 영수도 감동시켰다. "이것은 옛날 증찬성贈贊成 이공의 부인 신씨가 그렸다. 손가락으로 그려 낸 그림이 이렇게 막힘이 없고 자연스러울 수 있다니 마치 사람의 힘을 쓰지 않은 것 같구나. 오행의 정수를 얻고 원기의 융화를 모아 참된 조화를 이

신사임당 필 초충도草蟲圖 **中 수박·나비·들쥐**

세로 32.8cm×가로 28.0cm·신수 3550

국립중앙박물관 소장. 신사임당의 대표작이며 한국 초충도 중에서도 명작으로 꼽힌다. 국보·보물이 아니다.

루었다 할 것이니…"

우암 송시열(1607~1689)의 문집인 〈송자대전宋子大全〉 146권 발跋 중의 한 내용이다. 이공은 율곡 이이(1536~1584)의 아버지 이원수, 신씨는 신사임당이다.

율곡의 종증손(형제의 증손자)인 이백종은 신사임당 작 추초군접도秋草群蝶圖(가을 풀·나비떼 그림)를 어렵게 구했다. 이백종은 정성스럽게 표구한 뒤 당대 최고의 학자 송시열을 찾아가 발문跋文을 부탁한다. 그림을 받아든 송시열은 감동을 받아 글의 마지막에 "그대는 결코 허술하게 보존하지 말지어다"라고 쓰면서 그림을 길이 간직할 것을 당부했다.

송시열의 수제자 권상하(1641~1721)도 그녀의 다른 작품에 찬문을 남겼다. 율곡의 동생인 이우의 6대 외손 권중려가 소장한 신사임당의 죽과어화첩竹瓜魚畵帖(대나무·오이·물고기 그림집)에 "필세가 살아 움직이고 형상을 그린 것이 진짜와 꼭 같이 되어서 줄기와 잎사귀는 이슬을 띤 듯하고 풀벌레는 날아 움직이는 듯하니 참으로 천하의 뛰어난 보배구나"라고 소감을 적었다. 주자학의 최고 권위자가 극찬한 두 작품은 현존하지 않는다. 문집들을 통해 발문의 내용만 알 수 있을 뿐이다.

폐쇄적인 조선사회에서 여성은 억압된 삶을 살아야 했고 당연히 문예활동도 허용되지 않았다. 이 같은 사회적 분위기 속에서도 신사임당은 여류예술가로서 매우 예외적으로 보수적인 사대부들에게 존경받았다. 율곡의 학문을 계승한 노론세력이 집권하면서 더욱 두드러졌지만 신사임당이 살았던 당대에도 경향은 다르지 않다.

명종 때 학자였던 어숙권(생몰년 미상)은 〈패관잡기稗官雜記〉에서 "(신씨는)

꽃과 나비를 그린 전傳 신사임당 필 화접도
국립중앙박물관 소장.
세로 46.1㎝×가로 28.8㎝·덕수 1536

무관의 국보

포도와 산수가 절묘해 사람들이 안견 다음 간다고 하였다"라며 "아! 어찌 부인의 필치라고 소홀히 여기겠으며 어찌 부인이 마땅히 할 일이 아니라 하여 책망할 것인가"라고 했다.

사임당은 잘 알려진 대로 외가인 강릉에서 태어났고 성장했다. 사임당의 외조부는 참판을 지낸 최세현이다. 그녀는 딸부자집의 둘째 딸이었다. 〈율곡집栗谷集〉은 "진사 신명화는 딸 다섯을 두었다. 맏딸은 아무개에게 시집가고 다음이 바로 사임당"이라고 썼다.

사임당의 호 사임師任은 주나라 문왕의 어머니인 태임太任을 스승으로 모신다는 의미를 담았다. 태임은 덕이 높았고 자식교육에 철저해 이상적 여성·어머니상으로 인식됐다. 사임당은 19세에 결혼해 칠남매를 뒀다. 아들로는 첫째 선璿, 둘째 번璠, 셋째 이珥, 막내 우瑀가 있다.

사임당은 인성과 자질이 특출났다. 조선후기 문신 정래주의 〈동계만록東溪漫錄〉은 "유학자의 집에서 성장하여 옛 경전과 사서를 두루 통달하고 많이 기억하였다. 아름다운 말과 좋은 행실을 공경히 행하고 몸소 실천하였다"며 "참으로 이런 어머니였기에 율곡 같은 아들이 있었던 것"이라고 했다. 상황 판단도 빨랐다. 작자 미상의 시화집 〈좌계부담左溪裒談〉은 신사임당과 관련한 알려지지 않은 비화를 다룬다. 이에 의하면, 그녀의 남편 이원수는 학문이 충실하지 못하고 행실도 부족한 면이 많았다. 이원수는 당숙인 이기李芑(1476~1552)가 우의정으로 재직할 때 벼슬이나 한자리 얻을까 해서 휘하에 들어갔다. 이기는 명종 즉위 후 외척 윤원형과 손잡고 반대파 숙청을 주도했다. 사임당은

초충도(신수 3550) **中 가지·벌·개미·방아개비**
국립중앙박물관 소장.

남편이 이기를 가까이 하지 못하도록 극구 만류했다. 이원수는 아내 덕
분에 후일 윤원형과 이기가 처벌 받을 때 다행히 화를 면했다고 〈좌계
부담〉은 언급한다.

　사임당은 일찌감치 그림에 재주를 보였다. 〈율곡집〉은 "일곱 살 때
부터 안견의 그림을 모방하여 산수화를 그리고 또 포도를 그렸으니
모두 세상에서 견줄 만한 이가 없었다. 그 분이 그린 병풍과 족자가

무관의 국보

**갈대와 물오리를 그린 전(傳) 신사임당 필
노화수금도**蘆花水禽圖
세로 23.6cm×가로 27.3cm·덕수 1219

국립중앙박물관 소장. 신사임당 백문방
인(글씨가 음각된 도장)이 찍혀있다.

세상에 많이 전해졌다"고 했다. 사임당은 안견의 화풍을 습득해 안견
파로 분류된다. 글씨, 수예는 물론 영모화翎毛畵(새·동물 그림), 포도, 화
훼, 대나무 등 다양한 그림에 두루 통달했지만 초충도草蟲圖(풀·벌레 그림)
에 특히 능했다. 일상 속에서 늘 대하는 소재를 골라 여성 특유의 섬
세한 관찰력과 부드러움, 풍부한 감수성으로 그려냈다.

그녀의 초충도로는 국립중앙박물관 소장의 초충도 10폭 병풍이 대표적이다. 한국 초충도를 통틀어 최고의 작품으로 꼽힌다.

병풍은 수박 · 나비 · 들쥐, 가지 · 벌 · 개미 · 방아개비, 오이 · 개구리, 양귀비 · 도마뱀, 어숭이(접시꽃) · 개구리 · 여치, 맨드라미 · 쇠똥구리, 여뀌 · 잠자리 · 사마귀, 산나리 · 매미 · 개구리 8점과 발문 2폭으로 구성됐다. 발문은 조선후기 문신 신경申暻(1696~1766)이 썼고 말미에 1946년 서화감식가 위창 오세창이 적은 글이 있다. 신경은 "이양원(율곡과 동시대 인물인)의 후손에게 구입했고 이를 정필동이 소장하던 진품과 비교해 보니 사임당의 작품이 맞았다"라고 했으며 오세창은 "신경의 발문을 볼 때 병풍은 사임당의 그림이 맞으며 자수를 놓기 위한 밑그림"이라고 했다.

그림은 안정적 구도를 보이며 여성적이고 세밀한 필선, 아름답고 차분한 색채가 특징이다. 한여름 뙤약볕 아래서 거침없이 뻗어 오르는 줄기와 싱그러운 잎사귀, 하루가 다르게 탐스럽게 커가는 열매, 그리고 꿀을 찾아 꽃 사이를 분주히 날아다니는 나비와 벌, 그런 곤충들을 잡아먹으려고 노려보는 개구리, 잘 익은 수박을 열심히 갉아먹는 생쥐 등 온갖 종류의 풀과 동물들을 정감 넘치게 표현하고 있다. 붉은색, 녹색, 노란색 등 강렬한 색을 구사하지만 격조 높은 분위기를 연출한다. 주로 몰골법沒骨法(윤곽선 없이 수묵이나 색채로 형태를 그리는 기법)을 사용했고 곤충의 더듬이나 가는 풀은 세필로 조금의 주저함도 없이 단번에 그렸다.

일각에서 낙관이 결여돼 있다는 이유로 전칭傳稱작으로 분류한다.

무관의 국보

신사임당 필 초충도병풍 中 수박·여치
세로 48.5cm×가로 36.0cm

강릉 오죽헌시립박물관 소장.
국보나 보물이 아니다.

16세기 작품으로 보기에 너무 깨끗하고 선명한 것도 논란이 된다. 그러나 여성이 드러내 놓고 작품 활동을 할 수 없었던 당시의 시대적 상황을 감안해야 한다는 견해가 제시된다.

강릉 오죽헌 시립박물관 소장의 초충도 10폭 병풍도 구성은 흡사하다. 오이 · 메뚜기, 물봉선화 · 쇠똥구리, 수박 · 여치, 가지 · 범의땅개, 맨드라미 · 개구리, 봉선화 · 잠자리, 가선화 · 풀거미, 원추리 · 벌 8점과 숙종 때 문신 정호(1648~1746), 노산 이은상의 발문 2폭 등 총 10폭으로 이뤄졌다. 그밖에 초충도는 개인 소장 수박 · 석죽화, 꽈리 · 잠자리 2점이 있다.

이를 포함해 신사임당 작품으로 전칭되는 작품은 매우 많아 간송미술관 소장 포도(31.5×21.7㎝) 등 수백 점에 달한다. 아직 국보나 보물로 지정된 작품은 없다.

사임당은 불행히도 명이 길지 못해 48세에 세상을 떠난다. 〈좌계부담〉에 의하면, 죽으면서 남편에게 다음과 같은 유언을 남긴다. "제가 이미 네 명의 아들을 낳았으니 다시 장가들지 마세요." 대를 이을 아들도 많으니 제발 여색을 멀리해 학문에 정진하고 남겨진 자식들을 크게 키워 가문을 일으키라는 주문이었던 것이다. 다행히 아들들이 대성해 셋째 이이가 대학자로 성장하고 막내 이우는 시와 글씨, 그림, 거문고에 모두 능해 4절絶로 명성을 떨쳤다.

17세기 조선 실상 보여주는
최초의 한글요리서

음식디미방

"시집온 지 사흘 만에 부엌에 들어가三日入廚下, 손을 씻고 국을 끓인 다洗手作羹湯. 시어머니 식성을 알지 못하니未諳姑食性, 먼저 시누이에게 맛보이네先遣少婦嘗…"

정부인 안동 장씨(1598~1680)가 저술한 〈음식디미방〉 본문 맨 앞장에 유려한 필치로 쓰여진 한시다. 어린나이에 시집와서 양반가의 큰 살림을 책임져야 했던 저자의 고단했던 삶이 고스란히 담겨져 있다.

〈음식디미방〉은 동아시아를 통틀어 여성이 쓴 최초의 요리서인 동시에, 한글로 쓰인 최초의 요리서이다. 17세기 우리 조상들이 무엇을 먹고 또 어떻게 만들었는지 식생활의 실상을 있는 그대로 보여주는 귀중한 기록물인 것이다.

음식디미방飮食智味方 **표지**

세로 26.5cm × 가로 18cm

1672년. 경북대학교 도서관 소장. 규곤시의방
(부인들의 살림법)이라고 적혀 있다. 저자의 후손 등
이 격식을 갖춰 붙인 제목이다.

    1960년 국어학자 김사엽 경북대 교수가 〈고병간 박사 송수기념
논총〉에서 책의 존재를 최초로 소개한 데 이어, 1966년 손정자 교수
가 원문을 현대국어로 옮겨 〈여성연구 제15집〉에 실으면서 비로소
세상에 알려졌다. 원본은 경북대 도서관에 소장돼 있으며 국보 · 보
물로 지정돼 있지 않다.

    궁체로 쓰인 필사본으로 표지 제목은 규곤시의방閨壺是議方이다. '규
곤'은 부인들의 거처 또는 부인네를, '시의방'은 말로서 알려주는 방법
을 의미한다. 즉, 부인들의 살림법인 것이다. 음식디미방은 내용 첫머
리에 한글로 적혀 있다. 디는 지智의 중세 발음으로 음식지미방飮食智味方

은 음식의 맛을 내는 비결로 풀이된다. 규곤시의방은 저자의 후손 등이 격식을 갖춰 붙인 제목으로 해석된다.

현존하는 요리 문헌은 보물 〈수운잡방蕭雲雜方(1540)〉, 〈도문대작屠門大嚼(1611)〉, 〈요록要錄(1680)〉, 〈치생요람治生要覽(1691)〉, 〈역주방문歷酒方文(1800년대)〉, 〈산림경제山林經濟(1715)〉, 〈수문사설溲聞事說(1740년대)〉 등이 있다. 이들은 중국의 문헌을 그대로 인용하거나 모방하고 있으며 남성들에 의해 쓰여졌다. 〈주방문酒方文(1600년대 말)〉, 〈음식보飮食譜(1700년대)〉, 〈규합총서閨閤叢書(1815년경)〉 등 한글조리서도 일부 전하지만 대부분 저자를 알지 못한다.

〈음식디미방〉은 경북 북부지역의 양반가 주부가 중국 문헌과는 관계없이 예로부터 전해 내려오거나 스스로 개발한 요리법을 싣고 있다. 지금까지 남아있는 음식도 있지만 사라졌거나 조리법이 달라진 것도 많아 음식사적으로 가치가 높다. 〈음식디미방〉은 당대 쓰였던 한글로 기록됐다. 음식재료와 관련한 명사와 조리법을 표기한 동사·형용사 등은 17세기 우리말의 모습을 반영해 국어 어휘사 연구에도 중요한 자료이다.

책은 면·떡류, 어육류, 채소·과일류, 술, 식초로 나눠 146가지의 조선 음식을 소개한다. 현재 양념의 상당 부분을 차지하는 고추는 책에서 전혀 언급되지 않는다. 임진왜란 때 전래된 고추는 17세기 초반부터 재배되기 시작했던 것으로 알려져 있다. 그러나 책이 쓰인 17세기 말까지도 경상도 북부에서는 고추를 키우지 않았던 것이다. 대신 책에는 향신료로 산초와 함께 후추, 마늘, 파가 단골로 등장한다.

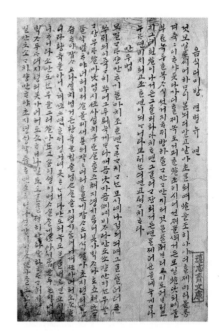

본문 맨 앞에 저자가 지은 제목인 음식디미방이 쓰여져 있다. 17세기 조선 사람들이 먹었던 음식을, 당시의 언어로 기록한 매우 귀중한 문헌이다.

조선 중기 양반가에서는 만두 등을 빚을 때 밀가루 대신 메밀·녹두가루를 사용했다. 밀 재배가 일반화되지 않아 밀가루는 귀한 식재료였다. 그러다 보니 진眞자를 붙여 진가라, 진말 등으로 기술한다. 국수는 17세기엔 간식으로 시원하게 즐기는 화채의 일종이었다. 새콤한 오미자국 또는 고소한 깻국에 넣어 맛이나 색, 질감이 느껴지도록 요리했다. 물론 국수의 재료도 메밀과 녹말이 쓰였다.

오늘날 남녀노소 가리지 않고 좋아하는 소고기와 돼지고기는 조선 사람들에게 주목받지 못했다. 돼지고기는 조리법이 간소하다. 멧돼지 고기 삶는 법, 집돼지 볶는 법 정도만 개략적으로 언급돼 있을 뿐이다. 서식환경이 비위생적인 돼지고기를 꺼렸던 것이다.

　쇠고기도 맛이 떨어지는 것처럼 묘사된다. 책에는 쇠고기를 질긴 고기로 분류해 연하게 만드는 법이 소개된다. 쇠고기는 산앵두나무, 뽕나무잎, 껍질을 벗긴 살구씨 등을 한데 넣고 뽕나무로 불을 때 삶으면 부드러워진다고 했다. 조선시대 소는 비육우가 아니라 일소여서 고기가 질겼던 것이다.

　반면, 개고기 요리는 다수 언급된다. 순대, 개장꼬지 누르미(찌거나 구운 재료에 밀가루즙을 끼얹은 음식), 개장국 누르미, 개장찜 등 다양한 조리법과 함께 누렁개 삶는 법, 개장 고는 법 등이 다뤄진다. 조선시대 개고기가 유행한 것은 고대 중국에서 개고기가 제사상에 올랐고 유교의 창시자 공자도 개고기 애호가였던 것과 무관치 않아 보인다.

　꿩 역시 즐겨 먹어 만두소 등 다양한 요리에 활용됐다. 꿩고기로는 김치도 담았다. 오이지의 껍질을 벗긴 뒤 먹기 좋게 한 치 길이로 도톰하게 자른다. 꿩고기를 삶아 잘라놓은 오이지 크기로 썰어 오이지 국물에 소금 등을 넣고 나박김치처럼 삭을 때까지 둔다.

　중국의 진미인 곰발바닥 요리도 이색적이다. 중국 요리법과 다르다. 먼저 가죽을 벗기고 깨끗이 씻어 삶는다. 모두 힘줄로 돼 있어서 약한 불로 오랜 시간 고아야 한다. 다 익으면 간장기름을 발라 다시 한번 굽는다. 해산물은 숭어가 으뜸이었다. 숭어는 살이 많으면서도 단단해 부패되는 속도가 다른 생선에 비해 더디다. 숭어는 주로 어만두를 만들거나 전을 부쳤다. 말린 대구껍질, 해삼, 전복, 조개, 자라, 붕어 등도 식재료로 활용됐다.

채소류는 동아가 인기였다. 동아는 무등산수박처럼 길쭉한 오이의 일종으로 지금은 거의 재배하지 않는다. 동아를 도독하게 썰어 간장에 졸였으며 기름을 발라 굽기도 했다.

놀랍게도 조선 사람들은 한여름에 얼음을 둥둥 띄운 음료수를 마시고 추운 겨울에 복숭아와 수박을 먹기도 했다. 책은 여름철 오미자나 깻국에 담가 먹는 국수는 얼음을 넣어 마신다고 적고 있다. 저자가 거주하던 1600년대 산간 지방에서도 더운 여름에는 얼음을 사용했던 것이다.

여름 과일인 복숭아를 한겨울에도 싱싱하게 먹는 비법도 일러준다. 밀가루 풀을 쑤어 소금으로 간을 해서 깨끗한 독에 넣는다. 갓 딴 복숭아를 그 속에 넣고 봉하면 겨울철에도 제철 과일처럼 싱싱한 복숭아를 즐길 수 있다. 수박도 큰 독에 쌀겨를 넣고 묻어 얼지 않는 방에 두면 오래 저장할 수 있다.

책에는 지금은 사라진 쌀품종도 전한다. '떡 찌는 법'에서는 "좋은 밋다니쌀이나 오려쌀이나 낭경자쌀이나 축축한 쌀로 가루를 내어 보드라운 체로 치고 다시 체에 친다"고 설명한다. 오려쌀은 빨리 익는 올벼로 보이는데 밋다니쌀과 낭경자쌀은 다른 문헌에서 보이지 않는다.

저자 정부인 안동 장씨의 본명은 장계향으로 경북 안동 서후면 금계리에서 태어났다. 아버지 장흥효는 수백 명의 제자를 키운 저명한 성리학자였다. 19세에 아버지의 제자 이시명과 결혼해 6남 2녀의 자식을 뒀다. 둘째 아들 현일이 출중해 이조판서를 지냈고 대학자로 명

**음식디미방의 저자 장계향이
말년을 보냈던 영양 석보면의 석계石溪고택**

성을 떨쳤다. 그 덕에 정부인이 됐다. 정부인은 정2품, 종2품 문무관
부인에게 내리는 등급이다.

그녀는 자식들을 훌륭하게 키웠을 뿐만 아니라 행실과 덕도 높았
다. 현일이 쓴 〈정부인 안동 장씨 실기〉에 의하면, 장씨는 굶주린 사
람들을 구휼하고 노인과 고아를 돌봤으며 서화와 문자에도 뛰어나
훌륭한 필적을 다수 남겼다. 경북 영양 석보면 원리에서 말년을 보내
다가 83세를 일기로 세상을 떠났다.

그녀는 명망 있는 양반가의 부인으로서 제사와 접대 음식을 연구
하고 요리하는 데 한평생을 바쳤다. 죽음이 가까워오자 일생의 비법

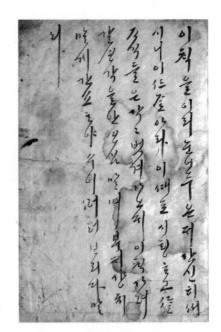

저자는 책의 마지막에 "눈이 어두워 간신히 썼으니 잘 간직하라"는 당부의 말을 썼다.

을 자식들에게 전하고자 책으로 남겼던 것이다. 그러면서 다음과 같이 당부했다. "눈이 어두운데 간신히 썼으니, 부디 상하지 않게 간수해 빨리 떨어져 버리게 하지 말라."

먼저 간 아내에 바치는
눈물의 이별가

고려 묘지명

아내의 이름은 '경애'였다. 정숙하고 현명한 여자였다. 그녀는 항상 말하기를 "제가 먼저 천한 목숨을 거둔 후에 당신의 모든 일이 잘되어 많은 녹을 받는 관직에 있게 되더라도 살림 재주가 없었다 원망 말고 가난을 함께 이겨내던 일만 기억하여 주기 바라요"라고 했다.

남편 최루백은 과거에 합격했지만 벼슬이 낮아 가난했다. 뒤늦게 간관諫官의 자리인 종6품 우정언右正言 지제고知制誥로 승진한다. 아내는 행여 고지식한 남편이 딴 마음을 먹을까 "가시나무 비녀에 무명치마 입고 삼태기를 이고 살지라도 달게 여길 겁니다"라고 안심시켰다.

고생만 하던 그녀는 남편의 승진 이듬해 병이 들어 47세의 나이로 그만 세상을 등지고 만다. 최루백은 2년 뒤인 1148년(고려 의종 2) 묘지

염경애廉瓊愛 **묘지명**
가로 33cm×세로 70cm×두께 3.4cm · 신수 5843

1148년. 국립중앙박물관 소장. 남편 최루백이 썼다. 최루백과 염경애의 부부·가족 관계가 진솔하게 드러나 있다. 고려묘지명을 통해 결혼과 사랑 등 고려인의 삶을 보다 면밀하게 엿볼 수 있다.

명을 직접 지어 조강지처에게 바쳤다. 최루백은 "함께 묻히지 못함이 애통하오. 믿음으로 맹세하건데 당신을 잊지 않으리…"라고 절절한 심정을 담았다.

고려 여인 염경애(1100~1146) 묘지명銘에 실린 내용이다. 국립중앙박물관 소장의 염경애 묘지명은 부부 · 가족 관계를 진솔하게 묘사하고 있다. 묘지명은 무덤의 주인공을 후세에 알리기 위해 무덤 안에 넣는 기록물이다.

아내의 묘지명을 쓴 최루백(?~1205)은 고려 중기의 문신이자 〈삼강행실도三綱行實圖〉에 등장하는 효자이다. 그는 15세 때 아버지가 호랑이에 물려 죽자 원수를 갚기 위해 산으로 가 잠이 든 호랑이를 도끼로 쳐서 죽였다. 그리고 배를 갈라 아버지의 시신을 수습해 장례 지내고 무덤 곁에 초막을 지어 3년 동안 살았다. 최루백은 아내가 죽고서도 무려 59년을 더 생존했다. 염씨와 함께 묻히고 싶다던 최루백은 재혼했고 세 명의 아들딸을 더 뒀다. 이런 사실을 밝힌 최루백 묘지명 (가로 77.0cm × 세로 41.0cm × 두께 2.5cm · 본관 13870)도 국립중앙박물관에 있다.

국립중앙박물관은 다수의 고려 묘지명을 보관하고 있다. 이를 포함해 현재 전해지는 것은 300개에 달한다. 우리나라에서 정형화된 형태의 묘지명은 고려시대 주로 발견된다. 죽은 사람의 생몰 일시, 출신지, 집안 내력, 가족 관계, 관직과 행적, 인품 등 생애와 함께 죽음을 애도하는 운문이 적힌 형식이다. 주로 점판암을 두껍지 않으면서 네모반듯하게 다듬은 판석에 글씨를 새겼지만 다양한 모양도 존재한다. 사신, 쌍룡, 서수상과 연꽃, 당초, 구름 등의 무늬를 넣기

경주 향리 딸 김씨 묘지명
높이 27.3cm × 지름 21.5cm · 덕수 2580

국립중앙박물관 소장. 꽃잎 모양의 묘지명.
묘지명은 다양한 형태로 제작되기도 했다.

도 했다.

조선시대에는 많은 문헌이 전하지만 바로 직전의 왕조인 고려는 아쉽게도 남은 기록물이 고려사 등 극히 일부에 불과하다. 따라서 고려 묘지명은 당시의 풍속과 제도 등 실상을 파악하는 데 매우 중요한 자료로 평가된다. 결혼과 사랑 등 고려시대 사람들의 삶을 보다 면밀하게 엿볼 수 있다. 서예사, 미술사 등 학술적 가치도 조명 받는다. 여성의 묘지석도 50여점이나 존재해 고려 여성사 연구에 기초가 되며 운문의 세련된 문장은 고려문학사를 풍성하게 한다.

'장가娶간다'고 했듯 고려 남자들은 혼인 후 처가에서 살았다. 자녀들도 외가에서 태어나 어린 시절의 대부분을 보냈다. 혼인한 여성이 친정 부모를 모시고 살거나, 아버지가 사망한 후 계모의 집에서 생활하는 것도 이상할 게 없었다.

고려중기 문신 이문탁(1109~1187) 묘지명(가로 43㎝ × 세로 54㎝ × 두께 2.7㎝·신수 5829)에는 충남 청양군 향리집안 출신의 가계와 수학과정, 관직생활 등이 세세히 서술돼 있다. 이문탁의 어머니가 죽자 아버지는 재혼했다. 아버지도 곧 사망하는데 이문탁은 뜻밖에도 개경의 계모 집으로 올라와 성장하면서 학문을 시작한다. 이문탁은 함께 자란 계모의 아들 허정선사 담요와도 우애가 깊었다고 묘지명을 기술한다.

고려중기 문신 김유신의 부인 이씨(?~1192)는 딸의 집에서 살았다. 이씨 묘지명(가로 56.5㎝ × 세로 33.6㎝ × 두께 1.6㎝·본관 10005)에 의하면, 이씨는 일찍 남편과 사별해 홀로 살았다. 그러다가 딸이 개경의 관리 최

조반 부인 이씨 초상화

세로 88.5cm×가로 70.6cm·덕수 6300

조선후기. 국립중앙박물관 소장.
이모본이지만 고려말 상류층 여성
의 모습을 잘 간직하고 있다. 남편
조반은 여말선초 대중국 외교에서
중요한 역할을 했다.

돈의의 계실로 들어가자 딸을 따라 이사해 살았다고 이씨의 묘지명
은 설명한다. 딸과 사위가 친정어머니를 모셨던 것이다.

여성의 재혼은 자연스러웠고 심지어 재혼한 여성들은 새 남편에
게 당당했다. 고려 중기 문신 이승장(1137~1191) 묘지명(가로 24cm×세로
40cm×두께 4.1cm·신수 5862)은 자식을 위해 재혼한 이승장의 어머니를 언
급한다. 새 남편은 가난을 핑계로 전 남편의 아들을 공부시키지 않았
다. 그러자 그녀는 전 남편과의 의리까지 들먹이며 새 남편을 질책한
다. 그녀는 "저는 먹고 살려고 부끄럽게도 전 남편과의 의리를 저버

렸지요. 아들의 친아버지가 다니던 사립학교에 입학시켜 그 뒤를 잇게 하지 않는다면 죽은 뒤에 무슨 낯으로 전 남편을 볼까요"라고 따졌다. 재혼에 대한 관념과 재혼 가정의 일면, 재혼 여성의 발언권 등이 가늠된다.

사회상과 세태도 읽힌다. 고려는 불교 국가였지만 산신이나 성황신 등 민간 신앙도 숭배됐다. 귀신을 업신여겼다고 관직에서 쫓겨나는 일도 있었다. 고려중기 문신 함유일(1106~1185)은 개경에서 귀신 모시는 곳을 모두 불태우고 무당을 성 밖으로 내쫓는 데 앞장섰던 인물이다. 함유일 묘지명(가로 61.0cm × 세로 43.0cm × 두께 2.4cm · 본관 10628)은 "함경도 안변의 무속사당에서 제사를 지내는데 절하지도 않고 술잔을 올리지도 않으니 담당 관리가 귀신을 업신여겼다 보고하여 파면되었다"고 했다.

정치 현황도 드러난다. 고려는 천자天子의 나라, 황제의 나라를 자처했다. 후삼국을 통일한 데 대해 자부심이 컸고 고려 역시 하나의 천하라는 인식을 가졌던 것이다. 복녕궁주 묘지명은 그녀에 대해 '천자의 따님'으로 지칭하고 있다. 복녕궁주福寧宮主(1096~1133)는 고려 제15대 숙종(재위 1095~1105)의 넷째 딸이자 제16대 예종(재위 1105~1122)의 친동생이다. 다른 묘지명들도 고려왕을 칭하면서 천자라는 표현을 쓴다.

고려는 대륙에 진출해 금나라, 청나라를 세웠던 여진족을 우리 민족의 일원으로 여겼다. 여진 정벌의 명장 윤관의 아들로 문장으로 이름이 높았던 윤언이(?~1149) 묘지명(가로 105cm × 세로 43.4cm × 두께 2.2cm · 신

복녕궁주 묘지명

가로 80cm×세로 44.5cm×두께 3.4cm·신수 5854

1133년. 복녕공주(1096~1133)는 고려 숙종의
막내딸로 38세의 젊은 나이에 사망했다. 묘
지명에서 그녀는 천자(天子)의 딸로 지칭된다.

수 5870)에 그런 인식이 잘 명시돼 있다. 당시 전성기를 맞은 금나라가
고려에 신하의 예를 요구했다. 권신 이자겸을 중심으로 조정의 여론
이 칭신稱臣을 받아들여야 한다는 쪽으로 기울 때 윤언이가 홀로 반대
의 상소를 임금에게 올린다. 묘지명에 의하면, 그는 상소에서 "여진
은 본래 우리나라 사람들의 자손으로서 신하가 되어 차례로 우리 임
금께 조공을 바쳐왔습니다. 국경 근처에 사는 사람들도 모두 오래 전
부터 우리나라 호적에 올라 있습니다"며 "이런 우리가 어찌 거꾸로
그들의 신하가 될 수 있겠습니까"라고 아뢰었다.

최윤의 처 김씨 묘지명
가로 37.0cm×세로 37.5cm×두께 2.0cm·본관 10234

1152년. 국립중앙박물관 소장. 최윤의는 〈상정
고금예문〉을 저술한 대학자였지만 죽은 아내에
게 눈물의 묘지명을 바쳤다. 묘지명의 테두리를
당초문으로 정성스럽게 꾸몄다.

중국 후주 출신의 쌍기는 고려 조정에서 과거제 도입을 주관했다. 묘지명 중에는 귀화 중국인의 것도 일부 있다. 당시 고려에 중국 귀화자가 적지 않았음을 보여준다. 채인범은 중국 남당 출신으로 970년(광종 21) 사신을 따라 고려에 왔다가 우리나라 사람이 됐고 오랜 기간 관리로 근무했다. 그의 묘지명(가로 73.0cm×세로 107.0cm×두께 10.5cm·본관 7884)은 "경전과 역사에 널리 통달하고 문장을 잘 짓는 큰 학자였으며 욕심이 없고 신중하여 여러 임금을 섬겼다"고 서술한다. 채인범 묘지명은 현존하는 가장 오래된 고려 묘지명이기도 하다.

묘지명은 인간사의 희노애락을 가감 없이 표현한다. 최윤의(1102~1162)는 해동공자 최충의 현손으로 세계 최초의 금속활자본인 〈상정고금예

무관의 국보

文詳定古今禮文〉을 편찬한 최고의 학자였다. 그는 먼저 떠나보낸 아내에 대해 눈물의 묘지명을 썼다. 최윤의 처 김씨 묘지명은 "아들은 겨우 일고여덟이고 딸들도 아직 시집을 가지 못했소. 어떻게 하루아침에 날 두고 갈 수 있다는 말이오. 당신의 일평생을 적으려고 붓을 잡았지만 흐르는 눈물을 어쩌지 못해 더 이상 써내려 갈 수가 없구려…" 라고 적고 있다. 고려의 대학자도 한낱 지아비에 불과했던 것이다.

살해된 어린 왕자의
모습을 담은 보살상

/

조선왕실 발원 불교유물

조선 제9대 성종(1457~1494·재위 1469~1494)은 유교법전인 〈경국대전〉을 반포해 유교적 통치 시스템을 완성했다. 그의 치세에 당연히 불교는 탄압받는다. 전국의 사찰은 줄지어 폐쇄됐고 승려들은 군대에 배속되거나 머리를 기르고 노비가 되어야만 했다. 하지만 그가 승하하자 상황은 원상 복구됐다.

성종의 세 번째 부인 정현왕후 윤씨(1462~1530)는 성종의 무덤인 선릉(서울 삼성동) 옆에 남편의 극락왕생을 비는 견성사를 새로 지었다. 왕후는 수시로 한강을 건너 견성사에 가 예불을 올렸고 연산군은 친히 저자도(중랑천 하류의 옛 섬)로 마중 나왔다. 연산군은 1499년(연산군 5)

**두물머리의 풍광이
한눈에 들어오는
남양주 수종사**

사진 배한철. 서울에서 가까운
수종사는 조선왕실 여인들의
사찰이었다.

사찰 이름을 지금의 봉은사로 바꾸고 각도의 절에서 거둔 세금을 내
렸다.

성리학적 유토피아 건설이 목표였던 조선은 과연 불교를 뿌리 뽑
았을까. 유교는 윤리와 도덕 등 현세 규범의 사상으로 엄밀히는 종교
가 아니다. 조선은 고려왕조를 부정하기 위해 고려의 국교였던 불교
를 배척하고 그에 대한 대안으로 유교를 내세웠다. 그럼에도 왕실은
유교의 덕목인 효를 명분 삼아 선왕과 선왕비의 명복을 빌거나 대통

을 이을 왕자 탄생을 기원한다는 명목으로 크고 작은 불사를 지속했던 것이다. 임금의 개인 재산인 내탕금을 털어 왕실 전용 사찰의 중수·중건사업에 나섰고 이들 사찰에 대한 대규모 시주는 물론 세금 감면 등 여러 혜택도 부여했다.

조카 단종 등 무수한 사람을 죽이고 왕위에 오른 세조(1417~1468·재위 1455~1468)가 속죄의 심정으로 말년에 불교에 심취했다. 큰아들 의경세자(덕종)가 죽자 1459년(세조 5) 수국사(서울 은평구)를 세웠다. 유학자를 자처했던 정조대에도 의외로 많은 불사가 이뤄졌다. 화성 용주사는 정조(1752~1800·재위 1776~1800)가 부친인 사도세자의 능을 화성으로 이장한 뒤 1790년(정조 4) 건립했다. 정조는 8만 7,000냥의 시주를 거둬 지급했고 전국 사찰의 통제권도 줬다.

전국에 왕실 전용 사찰은 몇 개나 있었을까. 국립중앙박물관이 파악한 결과 95개나 됐다. 능 주변에 조성돼 죽은 이의 명복을 기원하는 목적의 능침사찰陵寢寺刹이 71개로 가장 많다. 태조 이성계의 계비 신덕왕후의 흥천사, 세종대왕 영릉의 신륵사 등이 대표적이다. 조선왕실은 왕업의 계승 발전을 바라며 전국 명당자리에 왕손의 태를 안치한 태실胎室을 마련하고 태실사찰을 설치했다. 태실사찰은 11개였다. 조선은 왕실기도처인 원찰願刹도 뒀다. 경기 가평 현등사, 양평 용문사, 대구 파계사, 충북 보은 법주사, 전남 승주 송광사 등 전국 도처에 13개가 존재했다.

불사는 왕비 등 여성이 주도했다. 이들은 사찰건립과 중창, 불상과 불화의 봉안, 범종의 제작 등 모든 영역에서 불사를 후원했다. 중종

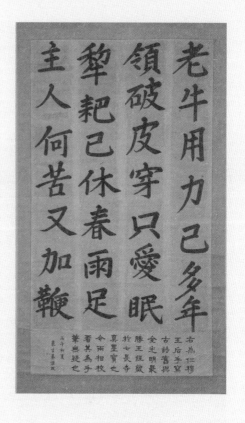

보물 인목왕후 필 칠언시
세로 110cm×가로 50cm

경기 안성 칠장사 소장. 칠장사는 인목왕후 친정아버지 김제남과 아들 영창대군 사당이다. 글은 중국 명나라 장면(蔣冕·1462~1532)의 노우시(老牛詩)이다. "늙은 소 힘쓴 지 이미 여러 해(老牛用力已多年), 목 부러지고 가죽 헤어져 잠자기만 좋아하네(領破皮穿只愛眠), 쟁기질 써레질 끝나고 봄비도 충분한데(犁耙已休春雨足), 주인은 어찌하여 괴롭게도 또 채찍을 가하는가(主人何苦又加鞭)." 자신을 늙은 소, 광해군은 채찍으로 괴롭히는 주인에 비유한 것으로 보인다.

의 계비 문정왕후 윤씨(1501~1565)는 독실한 불교신자였다. 1517년(중종 12) 왕비에 책봉되고 1545년 아들 명종이 어린 나이로 즉위하자 8년간 수렴청정하면서 국정을 장악했다. 승려 보우(1509~1565)와 함께 불교부흥을 위해 노력했다. 1563년(명종 18) 9월 그녀의 손자이자 명종의 유일한 아들인 순회세자(1551~1563)가 세상을 뜬다. 문정왕후는 1565년(명종 20) 명종의 무병장수와 자손의 번성을 비는 대불사를 일

회암사명 약사여래삼존도

국립중앙박물관 소장. 문정왕후가 발원했다. 문정왕후는 손자 순회세자가 요절하자 각종 부처를 그린 400점의 불화 제작을 후원하며 왕실의 번성을 기원했지만 이 불사 직후 자신과 아들 명종이 차례로 죽는다. 400점의 불화 중 현존하는 것은 6점에 불과하며 약사삼존도도 그 중 하나이다. 조선왕실 발원 불화의 높은 수준을 잘 보여주는 수작이다.

으킨다. 양주 회암사에 석가불과 미륵불, 약사불, 아미타불의 네 부처를 금화와 채색화 각각 50폭씩 총 400점의 불화를 봉안한 것이다. 이 같은 노력도 무색하게 문정왕후는 그해, 명종은 2년 뒤 차례로 죽는다.

인목대비 필사
금광명최승왕경 金光明最勝王經
세로 34.6cm × 가로 12.0cm

1622년. 동국대박물관 소장. 총 9책
으로 구성돼 있다. 폐서인의 신분에
서 필사는 물론 표지의 자수장식도
손수 했다. 경전을 필사한 이듬해 인
조반정이 일어나면서 인목대비는 복
위된다.

이 불화 400점 중 남은 것은 국내를 비롯해 일본, 미국 등에 단 6점
뿐이다. 국립중앙박물관 소장의 불화는 약사불을 주존으로 일광보살
과 월광보살이 보좌하는 약사삼존도이다. 세로 54.2cm, 가로 29.7cm
크기로 1912년 입수됐다. 금니로 선을 그려 조성한 금선묘金線描로 16세
기 왕실발원 불화의 높은 수준을 보여준다.

선조의 계비 인목대비 김씨(1584~1632)는 광해군 즉위 후 친정식구
들과 9세의 어린 아들 영창대군(1606~1614)을 잃고 폐서인이 됐다. 딸

**인목대비가 후원한 수종사
팔각오층석탑 출토 불보살**(보물)

불교중앙박물관·동국대박물관·국립중앙박물관
소장. 천진난만한 모습을 하고 있어 9세의 어린
나이에 살해된 아들 영창대군을 투영시켰다는
주장도 제기된다.

정명공주와 서궁에 유폐돼 힘겨운 삶을 살던 그녀 역시 불교에 의지
했다. 1622년(광해군 14) 인목대비는 억울하게 죽은 일가족의 극락왕생
을 빌고 일체의 재난이 소멸되기를 기원하며 〈금광명최승왕경〉을 손
수 필사했다. 경전표지를 장식한 자수에서 한 땀 한 땀 수를 놓았던
여인의 정성과 간절함이 엿보인다. 정성이 통해서였을까. 경전을 필
사한 이듬해인 1623년 인조반정이 일어나면서 인목대비도 복위된다.

그녀는 1628년(인조 6) 음력 1월 대북파 잔당이 주도한 인성군(선조의
일곱째 아들) 역모사건으로 다시 한번 생존의 위협을 느끼게 되자 또다
시 불사를 행한다. 1957년과 1970년 남양주 수종사 팔각오층석탑(보
물) 해체 과정에서 금동불감·불상 30구(보물·불교중앙박물관·동아대박물관·

무관의 국보

성화오년명수종사종成化五年銘水鍾寺鐘
높이 48.8cm×구경 37.3cm·덕수 1799

1469년. 국립중앙박물관 소장. 성종의 어머니
인수대비 한씨도 불자였다. 그녀는 1469년
7월 정업원 주지 이씨와 종을 발원해 수종사
에 봉안했다.

국립중앙박물관 소장)가 수습됐다. 이 중 23구의 불보살상이 1628년 인목
대비의 후원으로 조각승 성인이 제작한 것이다. 이들 불보살은 모두
10cm 내외의 소형불로 자세와 얼굴, 착의법 등이 흡사하다. 얼굴에
천진한 미소가 가득하고 머리가 신체에 비해 유난히 큰 어린 아이 모
습을 하고 있다. 불보살들은 아이들이 갖고 노는 인형처럼도 보인다.
인목대비가 가슴에 묻은 영창대군을 반영했을 가능성도 제기된다.

　팔각오층석탑 건립과 금동불감 및 금동석가삼존불 등의 봉안은
앞서 1493년(성종 24) 성종의 후궁인 숙용 홍씨, 숙용 정씨, 숙원 김 씨
가 후원했다. 같은 해 6월부터 성종은 아프기 시작했고 발원문에도

"주상전하가 만세를 누리기를 바란다"고 쓰여져 있다. 성종은 아듬해인 1494년 사망한다.

성종의 어머니 인수대비 한씨(1437~1504)도 불자였다. 그녀는 1469년 7월 정업원 주지 이씨와 성화오년명종을 발원해 수종사에 봉안했다. 1455년 의경세자의 세자빈으로 간택돼 수빈에 책봉되지만 1457년(세조 3) 남편이 병사하면서 대궐을 나가야만 했다. 수종사 불사 4개월 만인 1469년 음력 11월 둘째 아들인 성종이 즉위했고 그녀도 왕비에 올랐다. 종의 몸체를 따라 옴마니반메훔唵麼抳鉢銘吽('연꽃 속의 보석이여'라는 뜻으로 관음보살을 부르는 주문)을 두 번 썼고 그 아래에 연꽃 장식의 당좌(종치는 자리) 4개, 하단에는 파도무늬를 조각했다. 용모양의 고리인 용뉴와 상단의 여의두문이 일부 파손됐다.

인수대비는 또 1485년(성종 16) 읽거나 몸에 지니고 다니면 온갖 재난에서 벗어나게 해준다는 〈불정심다라니경佛頂心陀羅尼經(보물·호림박물관 소장)〉을 펴낸다. 3년 전 성종의 계비 폐비 윤씨가 사사됐다. 왕실 내부의 갈등으로 스트레스가 컸던 아들을 위로하려는 의도였던 것이다.

순조의 세 딸인 명온공주(1810~1832)와 복온공주(1818~1832), 덕온공주(1822~1844)는 1831년(순조 31) 수락산 내원암에 아미타극락회도를 모셨다. 아버지 순조는 이곳 내원암에서 300일 기도 후 태어났다. 아미타불은 극락세계 부처로 죽은 자의 극락왕생을 주관한다. 한 해 전 촉망받던 오빠 효명세자(1809~1830)가 피를 토한 뒤 갑자기 타계했다. 오빠의 명목을 빌고 큰 충격과 슬픔에 빠진 부모를 위로하려는 의도였던 것이다. 1908년 구입했다. 아미타불도는 내원암 극락보전에 걸

순조의 세 딸이 조성한
아미타극락회도阿彌陀極樂會圖

세로 134.8cm×가로 183.3cm, 덕수 448

1831년. 국립중앙박물관 소장. 오빠인 효명세자가
갑자기 죽자 충격에 빠진 부모를 위로하기 위해 불화
조성을 발원했다. 국보나 보물이 아니다.

렸던 것으로 추측된다. 화면 중앙에 아미타불이 자리하고 주위로 설
법 모임에 참여한 많은 보살과 제자, 사천왕이 배치돼 있다. 가로로
길게 늘어난 화폭은 19세기 유행한 불화의 형식이다. 불화는 한성부
와 경기에서 활동했던 화승 체균과 경욱이 그렸다.

이밖에 영주 흑석사에 소장된 국보 목조아미타삼존불은 1458년

(세조 4) 태종의 후궁 의빈 권씨, 명빈 김씨, 효령대군 등 내명부와 종친들이, 보물 〈예념미타도량참법禮念彌陀道場懺法(국립중앙박물관 등 소장)〉은 1474년(성종 5) 세조의 비인 정희왕후 윤씨가, 보물 금강산 월출봉 출토 사리구(국립중앙박물관 소장)는 조선 개국 한해 전인 1391년(고려 공양왕 3) 신덕왕후 강씨가 각각 발원했다.

8부

국보로 읽는 그 시절의
현장보고서

조선 최고의 벼슬
평안감사 판공비는 65억 원

평안감사향연도

　스케일과 디테일에서 이에 견줄 작품을 찾기는 힘들다. 국립중앙
박물관 소장의 평안감사향연도平安監司饗宴圖(세로 71.2㎝×가로 196.9㎝·덕수
5769) 말이다. 출연 인물만 2500명이 넘는 스펙터클한 그림이다. 어둠
이 깃드는 대동강에서 펼쳐지는 수상 퍼레이드는 한편의 블록버스터
영화를 보는 듯 화려하고 웅장하기 이를 데 없다. 그러면서 세부묘사
도 대충 하지 않았다. 활기 가득한 관아와 거리의 풍경이 매우 섬세
하며 등장인물들의 표정·행동도 제각각이고 익살스럽다.

　그림은 평안감사 부임을 환영하는 연회광경을 장대한 파노라마식
으로 연출한다. 연회에 참여하고 또한 이를 구경하는 수많은 사람들
의 다양한 모습, 그리고 성곽과 건물, 민가와 시전, 거리 등이 역동적

평안감사향연도 中 월야선유도

국립중앙박물관 소장 평안감사향연도(平安監司饗宴圖)는 평양성과 대동강 일원에서 펼쳐진 장대한 규모의 평안감사부임 환영 연회광경을 담았다.

으로 나타낸다. 활력과 풍요가 넘치는 당시 평양은 조선이 가난하고 낙후했다는 우리의 인식을 여지없이 허물어 버린다.

"평안감사도 제 싫으면 그만"이라고 했다. 아무리 좋은 일이라도 정작 본인이 싫다면 아무 소용없는 것이다. 조선시대 평안감사가 최고로 선망 받는 관직이라는 방증이기도 하다. 감사監司는 관찰사이다. 도백으로도 불렸던 종2품의 관찰사는 8도에 파견됐던 지방행정 최고 책임자로 관내 군사, 사법, 행정을 총괄했다. 그 중 평안관찰사가 으

무관의 국보

뜸이었다. 평안도는 세금으로 거둔 세곡을 서울의 경창京倉으로 보내
지 않고 평안도 내에서 자체 사용했다. 군수물자 비축의 필요성, 낮
은 미곡생산량, 운송의 어려움, 중국 사신 접대비 부담 등으로 인해
평안도의 세곡은 서울로 갖고 오는 것보다는 지역에서 사용하는 것
이 효율적이었다. 평안감사는 다른 도와 달리 도의 세금을 걷고 사용
하는 독자적 재정권이 부여돼 많은 관료들이 동경했던 것이다.

  평양은 경제적으로 번성했다. 18세기 청과의 교역이 활발해지면
서 조선은 경제가 활기를 띈다. 무엇보다 의주대로와 해로를 통한 중
국 교역로의 길목에 위치한 평양은 이 시기 상업발전이 최고의 전성

헤르만 산더 기증품 中 1900년대초 평양성 모습
Hermann Gustav Theodor Sander·1868~1945

사진 국립민속박물관.

기를 맞는다. 인구와 물자가 평양으로 몰리면서 평양은 지방에서 가장 부유한 지역으로 부상한다.

평안감사가 되면 돈방석에 올라 앉았다. 평안감사의 판공비는 어마어마한 거금이었다. 조선후기 문신·실학자 유수원(1694~1755)의 〈우서汪書〉는 "평안감사가 한 달에 쓰는 공비가 1000관貫이 넘는다"고 기술한다. 이는 상평통보 기준으로 1만 냥에 해당하며 1년이면 12만 냥이 된다. 12만 냥은 19세기 초반 상납미 3만 석을 구입할 수 있는 액수로, 3만 석을 오늘날 화폐가치로 단순 환산하면 65억 원에 달한다. 19세기 초반 쌀값이 훨씬 비쌌던 점을 고려할 때 평안감사의 수입은

무관의 국보

상상을 초월하는 액수였다.

권력과 재화가 있는 곳에 술과 유흥이 있기 마련. 기생도 평양이 제일이었다. 소설 〈이춘풍전〉에서 주인공은 평양의 기생에게 재산을 모두 탕진한다. 황현의 〈매천야록〉에 의하면, 흥선대원군 이하응도 호서의 사대부, 호남의 아전과 함께 관서(평양)의 기생을 '나라의 3가지 폐단'으로 지목했다. 접대로 평양을 따라올 곳이 없었다. 조선중기 문신 정태화(1602~1673)가 사행단을 이끌고 중국을 다녀온 내용을 기록한 〈임인음빙록壬寅飮氷錄〉은 평양의 환대문화를 언급한다. 이에 의하면, 정태화는 영의정에 재직 중이던 1662년(현종 3) 진하겸진주사進賀兼陳奏使로 중국길에 올랐다. 정태화 일행이 평양에 도착하자 평안감사 임의백(1605~1667)이 마중을 나왔다. 정태화가 평안감사의 안내를 받아 대동강에 이르자 기생들을 가득 실은 배가 띄워져 있었다. 정태화가 놀라 "상복을 입고 있는 처지이니 잔치는 불가하다"고 만류했다. 평안감사는 마지못해 별당에 숙소를 마련하고 대접을 했다. 이 역시 얼마나 융숭했던지 사행단의 역관들이 "이런 일은 과거에 없던 일"이라고 혀를 내둘렀다.

연광정, 부벽루, 을밀대, 만경대, 모란봉, 능라도, 청류벽, 주암 등 곳곳에 산재한 자연·역사 명소들도 평양의 매력을 더했다. 평양은 아름다운 자연경관을 가진 역사도시이자 다채로운 향연과 유흥이 끊이지 않는 풍류 도시였다.

이 같은 조선후기 평양의 면모를 엿볼 수 있는 작품이 바로 평안감사향연도인 것이다. 길이가 2m에 달하는 대작으로, 김홍도 서명

평안감사향연도 中 연광정연회도　　　　　　　　평양성 연광정의 연회모습을 표현했다.

과 인장이 찍혀있어 흔히 '전傳 김홍도 필 평양감사향연도'로 불린다. 연광정연회도練光亭宴會圖, 부벽루연회도浮碧樓宴會圖, 월야선유도月夜船遊圖 등 총 3폭의 연작으로, 평양감영과 대동강변을 배경으로 펼쳐진 공식 연회의 전모를 조감한다. 3폭 그림에는 다양하고 생생한 인물 군상 이 등장한다. 연광정연회도 434명, 부벽루연회도 701명, 월야선유도 1,374명 등 도합 2,509명이다. 성곽과 누각, 민가, 시전, 길은 물론 대동강, 땅의 형세, 산수 등 평양의 모습도 사실적이며 상세하다.

　연광정연회도는 관서팔경인 연광정에서의 연회를 연출한다. 누각 에 청색 융복戎服을 입은 감사가 정좌했고 한껏 멋을 부린 기생들이 악공들의 연주 속에 춤을 춘다. 문 밖에는 아전과 사령, 백마와 가마 를 들던 구종驅從들이 대기 중이다. 누각 아래에서는 갓을 쓴 양반들이

연광정연회도 부분　　　　　　　　저잣거리에서는 백성들의 분주한 일상생활이 펼쳐진다.

연회 광경을 구경한다. 태를 들고 구경꾼을 제지하는 아전에 겁을 먹고 피하는 양반들의 표정에서 조선후기 풍속화의 재치와 해학이 녹아 있다. 오른쪽 대동문 쪽에는 민가가 줄지어 있고 좌우 도로에 각종 물품을 파는 가게들이 즐비하다. 가게마다 담뱃잎을 써는 장사꾼, 그 옆에 어린애를 업고 있는 아낙과 개, 소를 끌고 가는 남자, 술동이를 인 여인들, 물지게를 진 남자들, 엿 파는 아이 등 저잣거리를 오가

평안감사향연도 中 부벽루연회도 평양성 부벽루의 연회모습을 그렸다.

는 사람들의 분주한 일상을 다룬다. 기와집, 백성들이 입은 비단, 다양한 색깔의 옷 등에서 평양백성들의 부유한 삶을 짐작한다.

부벽루연회도는 모란봉 기슭의 부벽루에서 펼쳐진 연회도이다. 역시 관민이 함께하는 잔치가 무르익는다. 부벽루 좌측 모란봉 쪽에 많은 인물들이 운집해 있다. 서로 좋은 자리를 차지하기 위해 높은 곳까지 올라간 사람들, 손주를 업은 할머니, 술판을 벌인 사람들, 어른들에게 꾸지람을 듣는 아이들 등이 보인다. 건너편 능라도에서는 떠들썩한 연회와 상관없이 밭가는 농부들의 한가로운 생활을 보여준다.

월야선유도는 한밤에 진행된 대동강의 장엄한 행차 장면을 담았다. 감사가 탄 정자선亭子船과 정자선을 호위하고 따르는 관선, 그리고

부벽루연회도 부분 연회장면이 매우 세세하고 사실적이다.

이를 구경하는 배 등 수 십 척의 배가 대동강을 꽉 매우고 있다. 성벽 위와 반대편 대동강가에는 횃불을 든 환영인파가 일렬횡대로 질서정 연하게 서 있다. 대동강변과 능라도에는 가족단위의 구경꾼들이 나 와 이 모습을 지켜본다.

아쉽게도 그림의 제작배경이나 내용에 대한 기록이 남아 있지 않

평양감사향연도 中 월야선유도(부분)

세로 71.2cm × 가로 196.9cm·덕수 5769

다. 8폭 병풍으로 제작됐을 가능성은 낮다. 일반 병풍 보다 훨씬 커

애초 3폭으로 제작됐을 것이다. 부벽루연회도 화면 상단에 '단원사

檀園寫'의 수결(서명)과 '홍도弘道'의 백문방인白文方印(흰 글씨의 네모 도장)이 있

다. 화풍도 인물들의 풍부한 구성, 돋보이는 회화성 등 김홍도의 수

법을 따른다. 하지만 인장은 김홍도의 종전 낙관과 다르며, 그림양식도 김홍도 다른 작품과 다소 차이가 난다. 여러 명의 화가가 김홍도의 수법을 추구하되 개성을 드러내지 않고 공동으로 그렸을 것이다.

그림 속 여러 단서를 종합해 볼 때 궁중기록화로 평가된다. 연광정, 부벽루, 정자선의 기둥에 교서敎書(행정 명령문서)와 유서諭書(군사 명령문서), 절節(관찰사 의장용 깃발)과 월鉞(의장용 도끼)이 걸리거나 세워져 있고 감사는 밀부密符(비상시 군대를 동원하는 표식)를 보관한 노란주머니를 차고 있다. 사령들은 왕이 감사에게 하사한 일산日傘(의장 양산), 백마, 가마, 표피 등을 들고 있다. 관찰사의 권위를 드러내고 왕권의 존재를 보여주는 상징물들이다.

광물성, 식물성 안료의 사용과 채색 기법, 화면의 포치布置(구도)나 시점, 인물을 그리는 묘법과 필치 등은 18세기 후반 19세기 전반 화원화(궁중회화)의 경향이다. 평안감사향연도에 사용된 모든 채색은 화려한 색조의 광물 · 식물성 안료이다. 이 시기 궁중진채眞彩의 특성을 보여준다. 정자와 누각, 단청, 평안감사 융복, 깃발 등에 사용된 파란색의 석청石靑은 비싼 천연 안료로, 석록石綠과 함께 궁중회화의 청록산수화에 주로 사용됐다. 그림의 장식적 효과를 높이기 위해 금 · 은을 쓰고 있는데 이도 왕실 기록화에서 쉽게 발견되는 것이다.

조선후기 궁중화의 얼굴 표현은 붉은 선 또는 갈색으로 얼굴을 윤곽한 후 이목구비를 선과 점묘로 표시한다. 평안감사향연도도 이를 따른다. 엄정한 분위기 속에서 치러지는 행사에 많은 구경꾼을 동원해 극적인 왁자지껄한 현장 분위기를 연출하는 감각도 정조 연간 궁중회화의 특징이다. 결론적으로 평안감사향연도는 왕에게 평안감사 부임에 대해 이해를 돕거나 보고하기 위한 어람용御覽用으로 그렸거나 부임식의 시각적 자료로 활용하기 위해 궁궐의 화원들이 제작한 그림이 분명하다.

조선후기 문인 신광수(1712~1775)는 절친인 채제공(1720~1799)이 평안감사로 부임하자 선정을 바라며 전별 선물로 108수의 시를 담은 〈관서악부關西樂府〉를 지어줬다. 사망 1년 전인 1774년의 일이다. 평안감사향연도에 이 〈관서악부〉의 내용이 응축돼 있다. 그림은 어진정치를 폈던 채제공을 주인공으로 삼아 그의 공적을 기리는 의미에서 특별히 제작된 기념화일 수도 있다. 양반, 상민, 지위 고하를 막론하고 모두가 화합해 새로 부임하는 평안감사 채제공을 대대적으로 환영하는 모습을 통해 목민관으로 하여금 선정을 베풀어 태평성대를 기원하는 간절함을 담았던 것은 아닐까.

이왕가박물관은 1916년 7월15일 김윤근에게서 3폭 모두 합쳐 단돈 80원에 샀다. 1916년 쌀 1석(144㎏) 값은 15원이었다. 단순 쌀값 비교로 80원은 오늘날 200만원에 해당하는 셈이다. 국보도 보물도 아니어서 일반에는 잘 알려져 있지 않다.

200명 영정 실린 '조선초상화첩'이 일본에 있는 이유

초상화첩

조선의 학자와 관리들은 기로소耆老所 입소를 최고 영예로 여겼다. 기로소는 70세 이상, 정2품 이상의 원로 문관을 예우하기 위해 설치 됐다. 일종의 왕립경로당으로, 오늘날 학술원에 해당하는 기구인 것 이다. 기로신에게는 전토田土, 노비 등 특전이 내려졌고 주요 국사에 참여할 수 있는 권리도 주어졌다.

그런데 조선 21대 영조(1694~1776·재위 1724~1776)가 이 기로소에 들 어가고자 했다. 당시 영조의 나이가 51세로 기로소에 입소하기에는 너무 젊어 논란이 됐다. 조선을 건국한 태조 이성계가 60세에, 영조 의 아버지 숙종이 59세에 기로소에 들어간 전례가 있을 뿐이었다.

1744년(영조 20) 음력 7월 29일자 실록에서 영조는 "59세가 되어 선

무관의 국보

해동진신도상 中 조현명 반신상

18세기 후반. 국립중앙박물관 소장.
영조가 젊은 나이에 기로소에 들어
가려고 억지를 부리자 우의정이던
조현명이 반대했다.

조(숙종)의 고사를 따르기를 원하고 있지만 어찌 그때까지 기다릴 수 있겠는가"며 "노쇠하고 고질병을 앓고 있다. (기로소에 이름을 올리는) 이것은 지극한 소원"이라고 간절함을 나타냈다. 영조는 호학군주를 자처했다. 따라서 기로소에 들어감으로써 자신도 이름난 학자가 됐음을 과시하고 또한 신하들에게 최고 학자로서 존경 받기를 소망했던 것이다. 반대의 목소리가 나오는 것은 당연했다. 우의정 조현명(1690~1752)은 "하교가 너무 번거롭다. 오직 삼가는 마음으로 극진히 정신을 수양하고 천성을 바르게 하기를 바란다"고 불편한 심경을 노골적으로 드러냈다. 하지만 영조는 두 달 뒤인 9월 기어코 자신의 기

로소행을 관철시켰다.

영조는 자신이 기로신이 된 것을 기념해 베푼 연회 등 행사 장면을 그린 그림과 기로대신의 초상화를 함께 꾸민 화첩인 기사경회첩을 제작해 배포한다. 국립중앙박물관에 이때의 화첩 두 점이 전한다. 하나는 1924년 이순영, 나머지 하나는 1921년 이성혁에게서 구입했다.

화첩에는 어첩자서御帖自序, 어제어필御製御筆을 시작으로 여섯 명의 기로신들이 지은 축시, 행사에 참석한 사람들의 숫자, 행사도 5점, 기로신들의 좌목座目(서열), 초상화 8점, 제작에 관여한 감조관監造官, 서사관書寫官, 화원 명단이 적혀있다. 초상화는 기로신 8명의 반신상이다. 영의정 이의현(1669~1745), 판중추부사 신사철(1671~1759), 형조판서 윤양래(1673~1751), 지중추부사 이진기(1653~?), 예조판서 정수기(1664~1752), 공조판서 이성룡(1672~1748), 의정부 좌참찬 조원명(1675~1749), 판돈녕부사 조석명(1674~1753)이다. 초상화 제작에 참여한 화원은 장득만, 장경주, 정홍래, 조창희 등 어진화사들이다. 기사경회첩은 당대 최고의 궁중 예술가들이 최고급 재료를 써서 제작한 궁중행사의 공식 기록화인 것이다. 조선후기 문화의 품격을 대변하는 뛰어난 작품임에도 여태 국보와 보물로 지정돼 있지 않다.

조선은 '초상화의 나라'였다. 그러다 보니 조선 초상화는 남아있는 수량이 많으며 그 가운데 수작도 적지 않다. 기사경회첩처럼 다수의 초상화가 실린 초상화첩도 여러 점 전해오고 있다. 초상화집의 대표격은 단연 국보 기사계첩耆社契帖(국립중앙박물관 소장)이다. 2003년 3월 성

기사경회첩 중 이진기 반신상

국립중앙박물관 소장. 초상화첩에 실린 기로대신 중 최고령자로 당시 그의 나이는 92세였다.

문종합영어 저자 송성문 씨가 기증했다.

기해년인 1719년(숙종 45) 만들어져 기해기사첩己亥耆社帖으로도 불린다. 앞서의 언급처럼 19대 숙종(1661~1720·재위 1674~1720)이 59세 되던 1719년 기로소에 들어간 일을 기념해 발간됐다. 구성은 기사경회첩과 흡사하다. 초상화는 역시 반신상으로 기로신 10명이 실려 있다. 영의정 이유(1645~1721)·김창집(1648~1722)·정호(1648~1736), 우의정 김우항(1649~1723), 이조판서 황흠(1639~1730), 대제학 강현(1650~1733),

등준시무과도상첩 登俊試武科圖像帖
세로 47.0cm×35.2cm·본관 73
1744년. 국립중앙박물관 소장.

좌참찬 홍만조(1645~1725), 형조판서 이선부(1646~1721), 공조판서 신임(1639~1725)·임방(1640~1724)이다. 이 중 김창집은 척화파 김상헌의 증손이고 강현은 강세황의 아버지이다.

　기사계첩은 총 12부가 만들어져 1부는 기로소에 보관하고 나머지는 기로신들에게 나눠줬다. 지금까지 소재가 확인된 것은 국보 국립중앙박물관 소장본, 보존상태가 양호하지 않은 또 다른 국립중앙박물관 소장본, 개인소장본(국보), 이화여대박물관본(보물), 삼성미술관 리움본 등 총 5부이다.

　국립중앙박물관 소장의 등준시무과도상첩은 특이하게 무신들의

등준시무과도상첩 中 이달해 초상

1774년. 국립중앙박물관 소장. 이달해는
충무공 이순신 장군의 7대손이다. 초상화
첩은 영조가 특별시험인 등준시에 합격한
무인들을 축하하기 위해 명해 제작했다.

무관의 국보

초상화집이다. 영조대 등준시 무과 합격자의 반신상을 모아 놓은 것이다. 1774년(영조 50) 음력 1월 15일, 경복궁 근정전 터에서는 특수목적의 등준시登俊試가 성대하게 치러졌다. 대상은 종1품 이하 당상관 3품까지의 문무반 관리들이었다. 영조는 조정의 관리들이 늘 학문과 무예에 매진하도록 고위직이 솔선수범해 시험을 치도록 했던 것이다. 그 결과 문과 15명, 무과 18명 등 총 33명의 급제자가 배출됐다. 영조는 사흘 뒤인 18일 "문과의 도상은 예조에, 무과의 도상은 병조에서 간수하라. 8개월 후 전례대로 의정부에서 연회를 내리겠다"면서 "1월 25일 문무과 도상첩 한 짝을 들여라"라고 명했다. 공신도 아닌 과거급제자 전부에게 초상화를 나라에서 그려주는 것은 이례적이었다.

도상첩 중 문과도상첩은 남아있지 않고 무과도상첩만 온전한 상태로 전한다. 도상첩은 영조의 전교傳敎, 합격자 명단인 무과방목榜目, 18명의 초상화, 화원 명단의 순으로 배치됐다. 합격자는 성적순에 따라 장원인 갑과 1명, 을과(2등급) 3명, 병과(3등급) 14명으로 나열돼 있다. 1등은 가의전주부 이춘기(1737~?)이고 을과는 절충전수사 민범수(1717~?), 가선전병사 조완(1724~?), 가선함춘군 이창운(1713~1791) 순이다. 병과는 절충전병사 안종규(1723~1778), 절충전수사 최조악(1738~?), 정헌행부사직 이장오(1714~?), 가의부총관 최동악(1745~?), 가선행부사직 이윤성(1719~?), 가선행부호군 이국현(1714~1780) · 유진하(1714~?) · 민지열(1727~?) · 이명운(1716~?) · 이방일(1724~1805) · 이달해(1730~?) · 김상옥(1727~?) · 조집(1735~?), 절

임희수 필 칠분전신첩七分傳神帖 **中 이식 초상화 초본**

신수 2923

18세기 중반. 천재 소년화가 임희수(1733-1750)가 그린 강세황 등 19명의 초상화가 수록돼 있다. 임희수가 요절한 후 부친 임위가 아들의 작품을 첩으로 만들었다.

충전병사 전광훈(1722~?) 순이다. 병과 11등을 한 이달해는 충무공 이순신의 7대 손이다. 그는 전라우수사, 전라병마절도사, 강계부사를 지냈다.

국립중앙박물관에는 천재 소년화가의 초상화집도 수장돼 있다. 임희수(1733~1750)가 그린 칠분전신첩이다. 장지연의 〈진휘속고震彙續考〉는 임희수가 조선후기 대표적 문인화가였던 표암 강세황(1713~1791)을 능가하는 실력이었다고 서술한다. 임희수는 조상 대대로 조정의 요직을 섭렵한 서울의 명문가에서 태어났다. 그런 그는 예술가적 감수성이 뛰어났고 화가로서 재능이 탁월해 장래

**영·정조시기 고관을 지낸 23인의
초상화가 실린 해동진신도상**海東搢紳圖像
세로 28.3cm×가로 39.1cm·본관 5054

18세기 후반. 국립중앙박물관 소장.

가 촉망되는 소년이었다. 미인박명이라는 말도 있듯 임희수는 탁월
한 예술적 소질을 활짝 펼쳐 보지도 못한 채 18세의 어린 나이에 요
절하면서 사람들의 기억에서 잊혀졌다.

화첩에는 17점의 유지초본油紙草本(기름종이에 그린 초상화 밑그림)과 1점
의 유탄柳炭으로 그린 사본, 강세황 초상화 1점 등 총 19점의 초상화가
수록돼 있다. 임희수의 부친 임위가 아들이 죽자 생전에 그렸던 초본
을 모아 첩으로 만든 후 각 초상화에 대한 간단한 설명을 남겼다. 그
림들은 임희수가 세상을 뜨기 직전인 1749년, 1750년 두 해에 걸쳐
그려졌다. 초상화는 임수륜, 임순, 임정 등 임씨 집안사람들과 윤휘
정(참판), 윤광의(참판), 남태량(대사헌), 이식(세제익위사 익위) 등 고위직 관

리, 그리고 이름이 파악되지 않는 인물 8명 등이다. 강세황은 임희수의 큰 아버지 임정과 처남매부지간이었다. 천재화가 임희수는 속필로 한 두 번 보고 쓱쓱 그렸다. 그러면서도 눈자위와 코, 눈과 눈썹, 입술, 인중의 길이 등 인상을 결정하는 핵심적 요소를 예리한 관찰력으로 정확히 포착해 냈다. 오세창의 〈근역서화징權域書畵徵〉은 "대강 담묵으로만 칠했는데 모두 살아 있는 것과 같았다"고 했다.

이밖에도 문인 초상화집이 다수 존재한다. 국립중앙박물관에 3권의 문인 초상화첩이 보관돼 있다. 효종~영조대 활동했던 유력인사 초상화 10점이 담긴 '초상화첩'(19세기), 영·정조대의 관리들 모습을 그린 초본 33점의 '명현화상'名賢畵像(18세기), 역시 영·정조시기 고관을 지낸 23인의 초상화가 실린 '해동진신도상'海東搢紳圖像(18세기 후반)이다. 초상화첩과 해동진신도상은 각각 1910년, 1917년 일본인, 명현화상은 1926년 박준화에게 구입했다.

규장각 한국학연구원에도 19세기 초 그려진 것으로 짐작되는 초상화첩 2첩이 있다. '선현영정첩'에는 숙종에서 정조대 활약한 고위 관리 10명, '진신화상첩'에는 영조에서 순조 연간에 활동한 22명의 관리가 그려져 있다.

놀랍게도 일본 덴리대 도서관이 200명이 넘는 초상화를 수록한 '조선명현초상화첩' 4권을 갖고 있다. 화첩은 조선말 풍양 조씨 세도가의 일원인 조인영(1782~1850)의 소유였지만 그의 증손이 일본에 귀화하면서 넘긴 것으로 알려져 있다. 가장 방대한 수량의 초상화집이 일본으로 건너간 것은 무척 애석한 일이다.

중풍 걸린 이항복 목숨 걸고
폐모론에 맞서다

백사 유품

"1607년(선조 40) 초여름 손자 시중에게 써 준다. 오십 노인이 땀 흘리고 고통을 참아가며 쓴 것이니 나의 뜻을 생각해서 함부로 다루지 말지어다丁未首夏 書與孫兒時中. 五十老人 揮汗忍苦 毋擲牝以孤是意."

백사 이항복(1556~1618)이 직접 쓴 〈천자문〉책 뒷면에 적혀있는 글이다. 책은 그가 52세 때 어린 손자에게 글을 깨우치게 하고자 만들었다. 아무리 단명하던 시절 일지라도 50대 초반 나이를 노인이라니 실소가 나온다.

이항복은 익히 알려진 바대로 한음 이덕형(1561~1613)과의 돈독한 우정을 담은 '오성과 한음 설화'의 주인공이자 조선 선조대의 명신 중 한 사람이다. 본관은 경주로 남대문시장 일대의 서울 남창동에서

**이항복이 결혼 후 살았던
권율 도원수 집터**
(서울시 종로구 행촌동)

사진 배한철. 이항복은 유년기
방황했지만 권율의 사위가 되
면서 처가 지원으로 공부에 매
진한다.

출생했다. 어린 시절 성격이 외향적이고 의협심이 강해 부랑배로 살
았다. 그 스스로도 "미친 듯이 마구 쏘다니고 짐승처럼 혼자서 자랐
다江奔浪走 如獸自長"고 회고했다.

방황하던 이 시기를 소재로 한 것이 오성과 한음 설화이다. 사실,
설화는 허구다. 이항복과 이덕형은 유년기 함께 지내지 않았으며 성
장해서 과거장에서 처음 만났다. 그런데 관직생활을 하면서 가까워

저 평생 우정을 지켰다. 이항복은 서인, 이덕형은 남인이었지만 서로를 끝까지 지켜줬다. 설화는 후대의 창작물이다. 그들의 사후 당쟁이 격화하면서 당파를 초월한 두 사람의 우정이 다양한 이야기로 가공돼 전승된 것이다.

이항복은 19세에 권율의 사위가 되면서 처가 지원으로 과거를 준비했다. 6년 뒤인 1580년(선조 13) 드디어 문과에 응시해 병과(3등급 중 3등급)로 간신히 합격한다. 어렵게 시험에 통과했지만 실무능력이 뛰어나 관료로서 두각을 드러냈다. 벼슬 시작과 함께 이조좌랑, 홍문관 직제학, 우승지 등 청요직清要職을 두루 거쳤고 1589년 예조정랑으로서 정여립의 옥사를 원만히 수습해 평난공신 3등이 됐다. 1591년 호조참의로 있으면서는 나라살림도 잘 꾸렸다. 호조판서 윤두수(1533~1601)는 "문필에 종사하는 선비가 돈과 곡식마저 능란하게 다스리니 참으로 통달한 재주로다"라고 감탄했다.

국가적 위기 속에서 더욱 진가가 드러났다. 임진왜란을 맞아 의주로 피난 간 선조를 호종했고 탁월한 외교적 수완을 발휘해 명나라 파병을 성사시켰다. 전란 7년 동안 5번이나 병조판서를 지내면서 전쟁을 진두지휘했고 전후에는 우의정, 영의정에 올라 피해복구를 총괄했다. 1604년(선조 37) 49세의 나이에 국난 극복의 최대 공신으로 인정받아 호성공신 1등에 녹훈됐다. 1613년(광해군 5) 임란 때 광해군 호종에 공을 세운 위성공신 1등, 임해군 역모 처리와 관련한 익사공신 2등, 김진재 옥사 처리에 기여한 형난공신 2등도 연달아 받아 모두 5차례 공신에 책봉됐다.

이항복 호성공신상 후모본李恒福 扈聖功臣像 後模本 **부분**

18세기. 국립중앙박물 관 소장(종가기증). 호성공 신 1등에 봉해졌던 49세 때의 모습이다.

문장가로서 명성을 떨쳐 다수의 시와 저술도 남겼다. 이익은 〈성 호사설星湖僿說〉에서 "〈백사집白沙集〉에 수록된 최정자유해서崔正字有海書 같 은 글은 집집마다 구비해 두고 후대에 전해야 하는 소중한 글"이라고 칭송했고 정약용도 아들에게 보낸 편지에서 중요 문집으로 〈백사집〉 을 꼽았다. 청빈한 삶을 살아 청백리淸白吏에도 봉해졌다.

이항복은 광해군 때 인목대비 폐비론이 불거지자 죽음을 무릅 쓰 고 반대에 앞장서 선비의 표상으로서 후대에 존경받았다. 1608년 광해군의 즉위로 권력을 차지한 대북파는 선조의 적장자 영창대군을 죽이고 그의 외조부 김제남 등 주변 세력을 제거하기 시작했다. 이어, 영창대군의 어머니 인목대비도 폐위하려 했다. 이항복은 1617년(광해군 9) 상소를 통해 "중국의 순임금은 사나운 어미가 항상 자신을 죽이려 했어도 오히려 자신을 탓했다"며 〈춘추(春秋)〉에 자식이 어미를 원수로 대했다는 것은 없다"면서 폐비론을 강력 반대했다. 상소 맨 앞에 "중풍이 재발해 정신이 탈진 상태"라고 절박함을 알렸다.

그러나 이 상소로 유배를 갔고 이듬해 유배지인 함경도 북청에서 숨졌다. 5년 후 인조반정이 일어난다. 반정의 결정적 명분이 된 것이 바로 이항복의 상소였다. 인조반정은 폭군 연산군을 몰아냈던 중종반정에 비해 구실이 약했다. 폐모론이 공자의 춘추(중국 고대 역사서로 유교오경 중 하나)에 위배된다고 규정한 이항복의 상소가 반정의 정당성을 뒷받침하는 중요한 근거자료로 활용됐던 것이다.

이항복의 막강한 영향력으로 가문도 크게 번성하는 데 그의 직계에서만 4대손 좌의정 이태좌(1660~1739), 영의정 이광좌(1674~1740), 5대손 영의정 이종성(1692~1759), 6대손 좌의정 이경일(1734~1820), 9대손 영의정 이유원(1814~1888) 등 영의정 3명, 좌의정 2명이 배출된다.

지난 2019년 이항복 종가에서 400년 간 소장하던 '이항복 호성공신교서', '이항복 호성공신상 후모본' 2점, '이항복 필 천자문' 등 모두 17점을 국립중앙박물관에 기증했다. 이 중 이항복 관련 기증품은 6점이고 나머지는 이항복 후손의 초상화와 교지 등 7점, 초상화 함 및 보자기가 5점이다.

이항복 호성공신 교서李恒福 扈聖功臣教書
세로 33.5cm×가로 189.0cm·증 9377

국립중앙박물관 소장(종가기증). 원본
은 소실됐고 교서의 글씨를 썼던 한
석봉의 후손이 갖고 있던 보관본을
얻어와 재발급을 받은 것이다.

이항복 호성공신 교서는 현존하는 유일한 호성공신 1등 교서다. 교서 좌측에 어보인 시명지보施命之寶가 찍혀있다. 다만, 이 교서는 1604년 (선조 37) 발급 당시의 원본은 아니다. 〈보사녹훈도감의궤保社錄勳都監儀軌〉와 〈송자대전宋子大全〉의 기록에 의하면, 원본 교서는 병자호란 때 소실됐고 1680년에서 1681년 사이 이항복의 증손 이세필(1642~1718)이 교서의 글씨를 쓴 한호(1543~1605)의 후손 집에서 갖고 있던 부본副本(보관본)을 얻은 뒤 충훈부忠勳府(공신청)에 올려 어보를 받은 것이다.

이항복 호성공신상은 18세기 다시 그린 후모본後模本으로 색상이 선명하다. 하지만 높은 오사모烏紗帽(관모)에 단령團領(깃이 둥근 관복)을 입고 의자에 앉아 오른쪽을 바라보며 두 손을 맞잡은 자세, 바닥에 화려한 채전彩氈(카페트)이 깔려 있는 점은 1604년 호성공신상의 특징이다. 무엇보다 호성공신에 봉해졌던 49세의 이항복 얼굴을 파악할 수 있어 의미가 크다.

이항복 호성공신상 후모본 전체

세로 166.1cm×가로 89.3cm·증 9378

18세기. 후대 다시 그려진 초
상화이지만 복식이나 구도가
1600년대초 양식을 잘 반영하
고 있다.

무관의 국보

이항복 필 천자문

세로 39.0cm × 가로 24.0cm · 증 9380

1607년. 국립중앙박물관 소장
(종가기증). 이항복이 52세에 어
린 종손에게 글을 깨우치게 하
고자 손수 썼다.

　　이항복 필 천자문은 이항복이 손자이자 종손인 이시중(1602~1657)
을 위해 손수 적은 천자문이다. 굵고 단정한 해서체로 정성을 들여
쓴 것으로 이항복의 친필을 확인할 수 있다. 천자문 한자 마다 아래
에 당대 또는 후대에 달아놓은 한글음이 있다. 손으로 쓴 천자문 중
시기가 가장 빨라 가치가 높다.

　　할아버지가 손자를 위해 책까지 써 줬지만 이시중은 역사에 이름
을 남기지 못했다. 책에 청헌聽軒이라는 백문방인白文方印(글씨나 무늬를 음
각으로 파 글씨가 하얗게 나오는 사각 도장)이 찍혀 있다. 청헌은 이항복의 6대
종손이자 이시중의 현손인 좌의정 이경일의 호다.

　　백사수적첩白沙手蹟帖(세로 27.3cm × 가로 16.0cm · 증 9382)은 이항복이 당시唐詩

를 익히기 위해 쓴 필적을 5대손 영의정 이광좌가 모아 첩으로 만든 것이다. 첩 안쪽에 이광좌李光佐라는 주문방인朱文方印(글씨나 무늬를 양각으로 파 글씨가 붉게 나오는 사각 도장)이 있다.

백사선생수서제병진적첩白沙先生手書祭屛眞蹟帖(세로 36.0㎝×가로 20.7㎝·증 9381)은 제사에 임하는 마음자세를 서술한 병풍이다. 독특한 예서체의 표지 글씨는 9대손 영의정 이유원의 것이다. 이항복이 만든 병풍을 이유원이 오려 첩帖으로 제작해 보관했던 것이다.

이들 이항복 종가 기증품은 이름과 업적이 널리 알려진 위인의 유물이어서 당장 국보나 보물로 지정해도 전혀 이상할 게 없다.

1808년(순조 8) 겨울 밤 창덕궁 보문각에서 국왕과 신하들이 학문과 정치를 논하는 자리가 마련됐다. 순조는 "우리나라 역대 신하들 중에서 총명과 재능와 학식으로 한나라 장량, 진평과 견주어 논할 만한 사람이 있는가"라고 물었다. 그러자 승지 박종훈(1773~1841)이 "사업, 재능과 총명, 문학, 견문과 학식에 있어서 이항복을 제일로 삼는 것이 마땅하다"고 아뢰었다. 이항복은 당대는 물론 조선 말기에도 국왕과 신하들에게 조선을 대표하는 최고의 인재로 인식되고 있었던 것이다.

무관의 국보

사라진 궁궐의 흔적,
현판은 알고 있다

/

조선 궁궐 현판

조선 22대 정조(1752~1800·재위 1776~1800)는 즉위 열흘 뒤 아버지 사도세자에게 장헌莊獻이라는 시호를 올렸다. 그러면서 아버지 사당이던 수은묘를 크게 확대하고 이름도 '우러러 사모한다'는 뜻의 경모궁景慕宮으로 바꿨다. 정조는 경모궁에 관한 기록과 의식을 정리한 〈경모궁의궤〉에 "피눈물 흘리며 글을 짓고 새긴다"고 적었다.

경모궁은 서울 종로구 연건동 서울대병원 본관 뒤편에 있었다. 정조는 비극적으로 죽은 아버지의 넋을 기리기 위해 창경궁 동문을 통해 매월 초하루와 보름 두 차례 이곳을 참배했다. 25년간 재위하는 동안 정조가 경모궁을 다녀간 것은 무려 336회나 된다. 부친을 매월月 알현謁하러 가는 길이라고 해서 동문의 명칭도 월근문月覲門으로 붙였다. 그러나 일제강점기인 1924년 경모궁 일원에 경성제국대 의학부가 들어서면서 본모습을 잃었고 한국전쟁 때에는 남은 건물마저 모두 불타 버렸다. 현재는 정조가 친히 쓴 경모궁 현판만이 전해져온다.

궁중 현판은 전각, 궁문, 누각 등 각종 궁궐 건축물에 달았던 액자이다. 건물명을 적은 액자를 모두 현판懸板이라고 알고 있지만 사실 현판의 종류에는 현판, 편액扁額, 주련柱聯 등 크게 세 가지가 있다.

현판은 널판지나 종이·비단에 시문, 유명한 글귀, 수교受敎(임금의 교명), 수칙守則(규칙) 등의 글씨를 쓰거나 그림을 그려 건물에 거는 액자를 통칭하는 명칭이다. 이 가운데 특별히 건물 정면의 문과 처마 사이에 건 건물의 이름을 적은 것을 편액이라고 일컫는다. 건물명 글씨는 통칭해서 현판으로 불러도 되지만 보다 정확한 호칭은 편액인 것이다. 주련은 기둥이나 벽 따위에 장식으로 써서 붙이는 글귀를 말한다.

국립고궁박물관 수장고에 보관돼 있는 궁궐현판은 경모궁 현판을 포함해 총 775개이다. 박물관 측이 '궁중현판 학술조사연구'를 통해 자체 소장한 현판의 전모를 살펴본 결과다. 이들 현판이 달렸던 궁궐 건축물 대부분이 지금 남아있지 않아 건물의 자취와 역사를 유추할 수 있는 매우 소중한 문화재로 평가되고 있다. 무엇보다 현판은 해당 건축물이 최초 건립 또는 재건될 당시 제작됐던 것들이어서 더욱 가치가 높다. 도대체 이들 현판은 어떤 경로를 거쳐 한데 모이게 됐을

무관의 국보

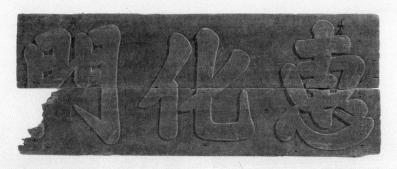

혜화문惠化門 **현판**
가로 160.5cm×세로 61cm·창덕 20679

국립고궁박물관 소장. 혜화문은 동북
면의 출입구로 1928년 헐렸다.

까. 현판의 구체적인 현황과 각각의 글씨에 담긴 의미도 궁금하다.

연구에 의하면, 궁중현판 775개는 애초 창덕궁 행각에 놓여 있던
것이었다. 그러다가 1992년 한 차례 덕수궁 궁중유물전시관으로 이
관됐고 2005년 다시 고궁박물관으로 옮겨졌다.

왜 처음에 현판이 창덕궁 행각에 방치됐던 것일까. 조선시대 화재
등으로 건물이 없어지더라도 건물의 얼굴인 현판은 폐기하지 않고 꼭
보관했다. 그렇지만 따로 보관할 장소가 마땅치 않다보니 비를 피할 수
있는 창덕궁 행각에 가져다 놓은 것으로 짐작되고 있다. 받침대 위에
그냥 현판들을 올려뒀고 일반인들도 아무나 쉽게 볼 수 있었다.

1928년 도시 확장으로 헐렸다가 1992년 복원된 혜화문 현판도 목
록에 포함돼 있다. 혜화문은 양주·포천 방면으로 연결되는 출입구
로 이 문을 통해 주로 여진女眞의 사신이 드나들었다. 혜화문 현판 글
씨는 복원 때 이원종 당시 서울시장이 엉터리로 썼던 것을 2019년

헤르만 산더 기증품 中 혜화문 전경 1900년대초. 국립민속박물관 소장.
Hermann Gustav Theodor Sander·1868~1945

애초의 현판 글씨를 참고해 다시 만들어 달았다.

경희궁 편액도 발견된다. 경희궁은 1829년(순조 29) 불타 1831년에 중건됐으며 그나마도 일제강점기 때 대부분 해체됐다. 따라서 화재 이전 건물과 유물이 거의 전하지 않고 있어 현판의 희귀성이 높다. 어필이라는 글자가 함께 새겨져 있는 경희궁 양덕당養德堂 현판은 사도세자의 친모 영빈 이씨의 거처에 사용했다. 글자는 영조와 정조 중 한 명이 썼을 것으로 추측된다.

사실 현판은 임금의 글자가 상당수를 차지한다. 선조와 숙종은 명 필로 유명했다. 창덕궁 영화당暎花堂에 걸려 있었던 '청량동해수 간취

규장각奎章閣 **현판**
세로 50.2cm×가로 106.5cm·창덕 20342

1694년. 국립고궁박물관 소장. 왕실도서
관이면서 학술·정책을 연구하던 창덕궁
규장각에 걸었던 현판으로 숙종의 친필이
다. 국보·보물이 아니다.

천심수請量東海水 看取淺深愁'(동해 바다의 깊이를 잴 수 있지만 내 마음의 근심은 가늠하
기 어렵다)가 선조의 작품이다. 경희궁 용비루龍飛樓의 '교월여촉皎月如燭'(밝
은 달이 촛불처럼 밝다), 창덕궁 영화당의 '가애죽림可愛竹林'(사랑함직한 대숲)은
숙종의 글씨다.

정조 때 왕실도서관 역할을 하던 규장각은 숙종 20년(1694) 왕실계
보를 편집하던 종부시宗簿寺 안에 처음 지어졌다. 이때는 도서관이 아
니라 왕의 시문과 친필, 고명顧命(임금 유언), 선보璿譜(왕실족보) 등을 관리
하던 장소였다. 최초의 규장각 현판은 숙종의 친필이며 이 현판이 고
궁박물관에 수장돼 있다.

서울시 옥수동 한강변에 있던 만회당萬懷堂은 영조의 친필이다. 영

1915년 철거 전 돈의문 전경(사진엽서)

부산시립박물관 소장. 한성에서 의주까지 제1간선도로의 시발점이다.

조 48년(1772) 왕이 직접 옥수동 두모포에 지어진 정자에 거둥했다가 감회에 젖어 서서당西書堂이던 정자 이름을 만회당으로 바꿔 걸게 했다. 고궁박물관 현판 가운데 영조의 글자는 이를 포함해 80여 점에 달한다. 영조는 특히 말년에 많은 현판 글을 적었지만 수준 이하의 것이 많아 신하들의 지적을 받았으며 더러는 신하들이 글자를 고친 뒤 현판을 제작하기도 했다. 의욕은 넘쳤지만 예술성은 떨어졌던 것이다.

창덕궁 수방재漱芳齋 편액은 고종의 친필이다. 어필이라는 글자와 함께 주연지보珠淵之寶라는 낙관이 있다. 주연은 고종의 호다.

무관의 국보

돈의문敦義門 **현판**
세로 115.5cm × 가로 308cm · 창덕 20974

1749년. 국립고궁박물관 소장.
국보나 보물이 아니다.

학자들도 이 대열에 다수 참여했다. 어진봉안각御眞奉安閣은 정조대의 명재상 채제공(1720~1799)의 글씨이다. 정조 16년(1792) 여름 좌의정 채제공이 왕명을 받아 적었다. 어진봉안각은 창덕궁 선원전璿源殿 내의 어진봉안각에 달았던 편액이다. 창덕궁 선원전에는 숙종, 영조, 정조, 순조, 익종(효명세자), 헌종의 초상이 봉안됐다.

서대문으로도 불렸던 돈의문은 1915년 일제가 전철을 놓으면서 철거했다. 중구 정동사거리에 위치했으며 조선시대 한성에서 평안도 의주까지 이르는 제1간선도로의 시발점이었고 또한 외교사절이 오면 국왕이 직접 마중을 나가는 나라의 중요한 문이었다. 돈의문의 편액은 영조 25년(1749) 조윤덕의 작품이다.

영은문 편액은 고궁박물관 현판 중 연도가 제일 앞선다. 중국 사신을 접대하기 위한 처소인 모화관의 정문 영은문에 붙었다. 1606년(선

영은문迎恩門 **현판**
세로 145cm×가로 333cm·창덕 20682

1606년. 국립고궁박물관 소장. 명나라 사신 주지번이 써준 것이다. 현전하는 궁중현판 중 가장 오래됐다.

조 39) 명나라 사신 주지번朱之蕃이 영은문 현판 2건을 써 줬다. 배면의 묵서로 현판이 이때 만들어진 것이 확인된다. 영은문은 조선 말까지 존속하다가 1895년(고종 32년) 2월에 김홍집 내각에 의해 훼철됐고 이듬해 서재필 주도 하에 영은문 옆에 독립문이 건립됐다. 현재 영은문은 독립문 전면에 초석만이 남아 있다.

청나라 황제의 어필도 전해진다. 내용은 치욕적이다. '동쪽의 번국이 아름다움을 이었도다'는 뜻의 동번승미東蕃繩美는 청나라 최전성기인 6대 건륭제(재위 1735~1795), '예법으로 교화하여 번국을 편안하게 한다'는 의미의 예교수번禮教綏藩은 7대 가경제(재위 1796~1820)가 직접 써서 조선에 선물했다. 두 현판은 사대교린의 문서를 관장하는 승문

중국사신을 접대하던 모화관 전경

사진 국립중앙박물관. 1896년
모화관의 정문인 영은문을 허물
고 독립문을 세웠다.

원承文院에 있었다.

　오랜 기간 모두의 무관심 속에 방치됐던 800점에 달하는 많은 현
판이 지금까지 큰 훼손 없이 보존되고 있었다는 것이 놀랍기만 하다.
이들 현판 모두는 국가문화재로 지정돼 있지 않다.

무관의 국보

초판 1쇄 2023년 2월 6일

지은이 배한철
펴낸이 최경선
펴낸곳 매경출판㈜
책임편집 서정욱
마케팅 김성현 한동우 장하라
디자인 김보현 이은설

매경출판㈜
등록 2003년 4월 24일(No. 2-3759)
주소 (04557) 서울시 중구 충무로 2(필동1가) 매일경제 별관 2층 매경출판㈜
홈페이지 www.mkbook.co.kr
전화 02)2000-2634(기획편집) 02)2000-2645(마케팅) 02)2000-2606(구입 문의)
팩스 02)2000-2609 **이메일** publish@mkpublish.co.kr
인쇄·제본 ㈜M-print 031)8071-0961
ISBN 979-11-6484-526-2(03910)